Werden Sie zum Hundeversteher
Strukturen und Instinkte

von Sibylla Grave

FSC
www.fsc.org
MIX
Papier aus verantwortungsvollen Quellen
Paper from responsible sources
FSC® C105338

Impressum

Bibliografische Information der Deutschen Nationalbibliothek: Die Deutsche Nationalbibliothek verzeichnet diese Publikation in der Deutschen Nationalbibliografie; detaillierte bibliografische Daten sind im Internet über http://dnb.dnb.de abrufbar.

Herstellung und Verlag:
BoD – Books on Demand, Norderstedt.
ISBN: 9783748150213

Sibylla Grave, Dorfstr. 26, 37181 Hardegsen
E-Mail: hardegser.hunde@gmail.com
www.facebook.com/hardegser.hunde

Covergestaltung/Illustration: Lukas Hellwig
Korrektorat: Sabine Sommer, Helga Eßmann
Weitere Mitwirkende: Sandra Probian, Fenja Probian, Colette Altwasser

Ich widme dieses Buch all den fantastischen Hunden,
die mir ihr Vertrauen geschenkt
und sich auf mich eingelassen haben.
Danke für die Gänsehautmomente!

Sibylla Grave

Werden Sie zum Hundeversteher

Strukturen und Instinkte

Inhalt

Vorwort

Hunde sind heute Familienmitglieder und wachsen uns ans Herz. Sie haben den gleichen Stellenwert in unserem Leben wie nahestehende Menschen, häufig sogar einen höheren. Wir leben mit unseren Hunden in Beziehung, dabei gibt es kein Richtig oder Falsch, sondern es gibt die aktuellen Umgangsformen und es gibt Entwicklungsmöglichkeiten zu einem achtsameren Miteinander, geprägt von Verständnis und Harmonie. Irgendwo auf diesem Weg sind wir alle und ich freue mich, dass ich Sie mit diesem Buch ein Stück des Weges begleiten darf.

Es ist mir absolut bewusst, dass Hunde einzigartig und unendlich vielschichtig sind. Keiner einzelnen dieser wundervollen Persönlichkeiten werde ich in diesem Buch gerecht werden. In meiner langjährigen Arbeit mit Hunden sind mir nicht zwei gleiche begegnet. Jeder ist ein einmaliges Individuum und gleichzeitig ist er ein Abbild seines Lebensumfeldes. Auch Sie und Ihre Lebensgemeinschaft sind einzigartig. Genauso individuell ist und bleibt der Umgang mit Ihrem Hund.

Darüber hinaus gibt es gewisse Grundlagen, die für alle Hunde gelten. Das ist übrigens völlig unabhängig von der Rasse. Beschäftigen wir uns mit diesen Themen, um einen noch tieferen Zugang zum faszinierenden Leben der Hunde zu finden. Sie können in Ihrem Hund noch viel mehr sehen als Sie es ohnehin schon tun. Das ist es, was dieses Buch Ihnen bieten kann:

Schlüpfen Sie in die Haut Ihres Hundes und betrachten Sie sein Leben aus seiner hundischen Perspektive. Staunen Sie, erkennen Sie, werden Sie zum Hundeversteher!

In diesem Ratgeber geht es um Strukturen, Instinkte und natürliche Verhaltensweisen der Hunde, um Vernetzung, Spiegelung und Entsprechung. Seien Sie sich bewusst, dass ein Hund unter

Menschen Kompromisse schließt. Er passt sich uns Menschen an, manchmal mehr als ihm gut tut. Haben Sie die Gelegenheit, Ihren Hund unter Artgenossen zu erleben? Dann werden Sie vermutlich bestätigen, dass es unter Hunden oft wesentlich tierischer zugeht. Manchmal erkennen wir unseren Liebling überhaupt nicht mehr wieder und werden zeitweise unsanft an seine wölfischen Wurzeln erinnert. Auch das ist Ihr Hund, seine ursprüngliche Seite. Wenn wir uns entscheiden, Haus, Bett und Familie mit einem Raubtier zu teilen, sollten wir wissen, wie ein Hund tickt und was sein Verhalten bedeutet. So kommen wir unserer Verantwortung nach und können einen möglichst sicheren Rahmen schaffen, in dem unser Hund eine unendlich große Bereicherung für alle Beteiligten sein kann.

In meinem Leben mit Hunden wurden mir viele bezaubernde Einblicke in eine grandiose Welt gewährt. Voller Freude, Demut und Dankbarkeit schaue ich zurück auf all die Erfahrungen, deren Bedeutungen sich mir oft erst im Nachhinein offenbart haben. Von jedem einzelnen Hund durfte ich lernen, und täglich kommen neue Erfahrungen dazu. Es ist nun an der Zeit, das bisher gesammelte Wissen mit Ihnen zu teilen. Tauchen Sie mit mir ein in die faszinierende Welt der Hunde…

Von Herzen Ihre
Sibylla Grave

Welt der Hunde

Seit vielen tausend Jahren ist der Hund der Begleiter der Menschen. Jahrhundertelang haben wir uns Hunde und ihre Fähigkeiten beim Jagen, Wachen, Schützen, Ziehen und vielem anderem zunutze gemacht. Inzwischen haben Hunde in unseren Häusern und Herzen Einzug gehalten und leben mit uns in Familienverbänden. Näher geht es eigentlich nicht.
Sie finden das selbstverständlich? Ich halte das für ein riesengroßes Geschenk, denn der Hund hätte durchaus auch andere Möglichkeiten. Werfen wir einen Blick darauf:

Artgenosse, Konkurrent, Feind oder Beute

Nach der klassischen Systematik gilt der Haushund als domestizierte Form des Wolfes, dem er als Unterart zugeordnet wird. Unter der Ordnung Raubtiere werden alle Hundeartigen zusammengefasst. So schlummert auch im verschmusten Chihuahua das Raubtier mit Aggressionstrieb und Tötungswillen, auch wenn unsere Hunde meist alles andere als aggressiv erscheinen.
Wenn ein Hund als Raubtier auf andere Lebewesen trifft, stehen ihm instinktiv verschiedene Schubladen zur Verfügung, in die er sein Gegenüber einordnen kann. Er hat die Wahl zwischen Artgenossen, Konkurrenten, Feinden und Beutetieren. Die Zuordnung des Gegenübers ist entscheidend dafür, wie der Hund sich verhält. So wäre sein Impuls gegenüber Artgenossen, die Persönlichkeit und den Rang des Anderen zu klären. Konkurrenten und Feinden gegenüber wäre er nach Möglichkeit zurückhaltend. Beute kann in Verbindung mit Hunger gejagt, gepackt und getötet werden. Unterscheiden wir die Kategorien genauer:

Artgenossen: Unter Hunden in freier Wildbahn wären Artgenossen andere Hunde des eigenen Rudels. Mit Artgenossen lebt der Hund und baut persönliche Beziehungen auf. Dabei ist das Verhalten nicht immer freundlich. Hunde können sehr brutal miteinander umgehen, einem ranghöheren Tier jedoch begegnen sie in der Regel respektvoll. Unsere heutigen Hunde können auch Menschen, Katzen oder sogar Vögel als Artgenossen betrachten.

Konkurrenten: Unter Hunden in freier Wildbahn wären Konkurrenten andere Raubtiere, die die gleiche Beute beanspruchen könnten, beispielsweise Bären, Wildkatzen, Wiesel, Raubvögel, Hundeartige wie Füchse, Wölfe, Kojoten oder Schakale, aber auch Hunde des Nachbarrudels oder Einzelgänger-Hunde. Wir Menschen als Jäger zählen auch dazu. Konkurrenten werden beobachtet und möglichst gemieden. Zum Kampf könnte es kommen, wenn ein Konkurrent dasselbe Beutestück beansprucht.

Feinde: Wirkliche Fressfeinde hat der Hund nicht, da er in der Nahrungskette oben steht und von keiner anderen Art zur Sättigung gejagt wird. Der größte Feind des Wolfes war jedoch immer der Mensch (bis heute), da er Konkurrenten zielgerichtet jagt und sogar ausrottet. Umso fantastischer ist es, dass wir heute mit Hunden in Familienverbänden leben dürfen.

Beute: Als Beutetiere bezeichnen wir alle Tiere, die der Hund zum Zweck der Nahrungsaufnahme fangen, töten und fressen würde. Da er in freier Wildbahn sowohl alleine als auch im Rudelverband jagt, reicht sein Beutespektrum von der Maus bis zum Büffel. In der Regel sind die Beutetiere Pflanzenfresser, aber auch schwache, kranke, junge oder alte Fleischfresser können zur Beute werden.

Bei der Einordnung in die Schubladen spielen viele Faktoren eine Rolle wie Art und Verhalten des Gegenübers, Instinkte, Vorerfahrungen und Vorbilder des Hundes. Es lässt sich nicht immer mit Gewissheit sagen, wie unser Hund ein Gegenüber beurteilt. Hasen oder Rehe in freier Wildbahn, die genau ins Beuteschema passen, werden in der Regel als Beute eingestuft, insbesondere wenn sie mit ihrer Flucht einen Schlüsselreiz auslösen. Das ist relativ eindeutig. Im Wildpark dagegen, wenn die Rehe am Zaun um Futter betteln, nähern sich unsere Hunde oft vorsichtig und neugierig, nicht unbedingt wie ein Beutegreifer.

Praxis:
Ein verwunderter Hundehalter berichtete mir davon, dass sein Boxer während eines Spaziergangs plötzlich laut kläffend quer über drei Felder in Richtung eines fahrenden Autos raste. Erst kurz davor drehte er um und kam zu seinem erleichterten Herrchen zurück.
Der Boxer hatte das kleine flinke Ding am Horizont vermutlich für ein Beutetier gehalten. Erst als er direkt daneben stand, hat er bemerkt, dass es entweder zu groß für ihn alleine oder eben doch keine Beute war.

Katzen werden von vielen Hunden als Beute gesehen, einige würden sie sogar töten. Wurde ein Hund einmal von einer Katze verdroschen, kann er sie auch im Feindbild erleben und einen ordentlichen Respekt vor Katzen haben. Den kann er auf diese eine beschränken oder generell auf andere Katzen übertragen, immerhin sind auch sie Raubtiere, also Konkurrenten. Die eigene Hauskatze wird oft problemlos zum Rudel gezählt und damit als Artgenosse wahrgenommen. Doch Vorsicht! Außerhalb des Hauses kann die eigene Katze auch schon mal gejagt werden. Dasselbe Tier kann in unterschiedlichen Situationen also unterschiedlich eingestuft werden.
Mit anderen Hunden sollte es eindeutig sein, meinen Sie? Jein! Andere Hunde werden in der Regel als Artgenossen verstanden. Allerdings kann es passieren, dass bestimmte Merkmale sich häufen und ein kleiner Hund doch ins Beuteschema gerät, denken Sie an Deformationen durch wundersame Züchtungen, an Mäntelchen, Stiefelchen, Schleifchen, Parfüm und hundeuntypisches Verhalten. Auch ein neugeborener Welpe kann von erwachsenen Hunden ohne Mutterinstinkt (und es ist durchaus natürlich, dass den nicht jeder Hund hat) als verletztes Beutetier verstanden werden und deshalb sehr gefährlich leben.
Als älteste Begleiter der Menschheit ist es recht wahrscheinlich, dass unsere Hunde wohlwollende Menschen als Artgenossen erleben. Dennoch haben wir es häufig mit Hunden zu tun, die

so schlechte Erfahrungen mit Menschen gemacht haben, dass sie uns zunächst im Feindbild einordnen. Trotzdem ist es immer möglich, dass gegenwärtige Erfahrungen den Hund zum Umprogrammieren veranlassen. Im Tierschutz passiert das täglich. Aber vergessen Sie nicht, Artgenossen sind Hunde des eigenen Rudels, jeder fremde Mensch wird wieder neu beurteilt.
Wie Sie sehen, ist es nicht so einfach mit den Schubladen. Gehen wir Schritt für Schritt vor und beschäftigen uns zuerst mit dem Rudel, das natürlicherweise aus Artgenossen besteht.

Hunderudel

Das Rudel ist die natürliche Lebensgemeinschaft von Hunden. Es ist über einen längeren Zeitraum gewachsen und erneuert sich durch eigene Nachkommen. Hunde bilden große Familienverbände, denen sich von Zeit zu Zeit fremde Tiere anschließen. Alle Rudelmitglieder haben persönliche Beziehungen zueinander. Die Größe eines Hunderudels richtet sich nach den äußeren Bedingungen und ist variabel, ebenso das Verhältnis zwischen männlichen und weiblichen Tieren. Wirkliche Hunderudel erleben wir bei den Wildhunden oder ausgewilderten Haushunden, oft bei Schlittenhunden und manchmal bei Züchtern. Je häufiger der Mensch in den natürlichen Werdegang eines Rudels eingreift, sei es durch den Austausch von Tieren oder die Auswahl der Zuchttiere nach menschlichen Kriterien, desto weniger können wir von einem Rudel sprechen.
Wenn die Zeit zur Ausbildung natürlicher Strukturen nicht reicht, sprechen wir von einer Gruppe. Hierbei handelt es sich um einen kurzfristigen, vorübergehenden oder willkürlichen Zusammenschluss von Hunden. Wenn wir Menschen Hunde zusammenstellen für eine Spaziergehrunde, ein Hundetraining oder auch zur Zucht, handelt es sich um eine Gruppe. Würde diese Gruppe über einen längeren Zeitraum von mehreren Monaten unverändert zusammen bleiben, entstünden rudelähnliche Strukturen.

Würden unsere Hunde in Rudelverbänden mit anderen Hunden leben, wären sie Teil einer natürlichen Ordnung. Feste Positionen wären verknüpft mit bestimmten Aufgaben, Rechten, Pflichten und auch Verhaltensweisen. Die Beziehungen untereinander wären definiert, Abläufe festgelegt, alle würden sich als Team verstehen und an einem Strang ziehen. Das größte aller Ziele wäre der Erhalt des Rudels (nicht der Erhalt der Art, das Nachbarrudel interessierte nicht die Bohne). An zweiter Stelle stünde der Erhalt des Individuums.
Als Teil dieses Rudels hätte unser Hund eine Aufgabe, seinen Talenten, seiner Persönlichkeit und seinem Alter entsprechend. Er wäre ausgelastet und so gut wie nie alleine. Unser Hund wäre sicher aufgehoben in einer starken Gemeinschaft. Er würde ange-

lernt und hielte sich an Regeln und Grenzen. Er hätte einen gesunden Rhythmus im Tag, im Jahr, im Leben. Das ganze Sein wäre auf Gleichgewicht ausgerichtet mit dem Ergebnis, dass Stressphasen sich mit Erholungsphasen abwechselten und das einzelne Tier aktiv, aber nicht überfordert wäre – beste Voraussetzungen für Gesundheit und Zufriedenheit.
Sie finden, das hört sich gut an? Ja, es ist einfach fantastisch! Die sozialen Strukturen im Hunderudel sind faszinierend und vorbildlich. Schauen wir sie uns im Detail an. Vielleicht hatten Sie schon einmal die Gelegenheit, selbst ein Hunderudel zu beobachten. Oder greifen Sie zur Veranschaulichung auf Rudelbilder der wilden Verwandten zurück, der Wölfe. Tauchen Sie mit mir ein in die ursprüngliche Welt Ihres Hundes.

RUDELSTRUKTUR

Alphatiere

Das Rudel wird geleitet von einem Führungspaar, einer Alpha-Hündin und einem Alpha-Rüden. Beide führen das Rudel gemeinsam und sind grundprinzipiell gleichberechtigt, sie haben den gleichen Rang. Diese Positionen sind immer vergeben und bleiben nicht vakant, vorausgesetzt, es gibt mindestens ein weibliches und ein männliches Tier im Rudel. (Alle anderen Verbände wären nicht überlebensfähig, da sie keinen Nachwuchs bekommen könnten.) Nur wenige Tiere sind dieser Herausforderung gewachsen. Wir sprechen von Alphaanlagen, die im geeigneten Hund verankert sein müssen. Dazu kommen ausreichende Lebenserfahrung und Souveränität, die einige Jahre brauchen, um sich entwickeln und festigen zu können. Die Alphatiere tragen schließlich die Verantwortung für das gesamte Rudel. Ihre Positionen sind mit wesentlichen Pflichten verknüpft und mit Rechten ausgestattet. Alle Rudelmitglieder respektieren sie und vertrauen ihnen. Die Alphatiere haben den Überblick über das Rudel und dessen Umfeld, über das Geschehen im Revier. Sie haben alles unter Kontrolle und sind rund um die Uhr einsatzbereit. Persönliche Belange stehen hinten an. Sie leben für ihren Job und ihr Job ist ihr Leben, echte Manager eben.

Erwachsene Tiere

Die anderen erwachsenen Tiere haben auch ihre persönlichen Aufgaben, Pflichten und Rechte, aber sie arbeiten größtenteils nach Anweisung und können das Sicherheitsdenken abgeben. Das Leben außerhalb der Alphapositionen ist erheblich entspannter und freier, so können die erwachsenen Tiere nach ihren Einsätzen tatsächlich abschalten – Feierabend. In guten Zeiten haben sie Gelegenheit, nach Lust und Laune unbeschwert Hund zu sein, zu spielen, zu dösen, Freundschaften zu pflegen. Aber wach sind sie alle! Jederzeit einsatzbereit sind sie sofort dabei, wenn der Chef zum Angriff bläst.

Die strukturelle Besonderheit unter den erwachsenen Tieren ist die geschlechtsspezifische Rangfolge. Innerhalb der Geschlechter gibt es eine klare Hierarchie vom ersten bis zum letzten Rang. So ist die Alphahündin unangefochtene Herrscherin über alle weiblichen Tiere des Rudels, ebenso wie der Alpharüde über alle männlichen Tiere. Mit reiner Dominanz können sie Gehorsam im eigenen Geschlecht einfordern. Zwischen allen weiblichen Tieren setzt sich diese Ordnung fort, genauso unter den männlichen Tieren.

Hunde können blitzschnell von hochrangigem Verhalten zu niederrangigem Verhalten umschalten, wenn es die Situation erfordert. Regeln, Rechte und Ausdruck sind hierbei klar. Hunde müssen es nicht lernen, das Verhalten ist instinktiv verankert. Hochrangiges Verhalten drückt sich durch eine fordernde Grundhaltung aus. Der Höherrangige hat mehr Rechte als das niederrangige Tier und zeigt das auch selbstbewusst nach außen, indem er agiert, Dinge und Hunde/Personen beansprucht, sich in den Vordergrund rückt oder seinen Willen durchsetzt. Niederrangiges Verhalten dagegen ist geprägt durch Umsicht und Respekt. Das niederrangige Tier reagiert, weicht aus und beschwichtigt, wenn nötig.

Beschwichtigung wird unter erwachsenen Hunden als hervorragendes Konfliktmanagement eingesetzt. Ist der Höherrangige aufgeregt oder gar verärgert über das niederrangige Tier, löst Beschwichtigung die Anspannung auf und ein aufkeimender Konflikt wird im Ansatz verhindert. Die eingesetzten Demutsgesten sind gekoppelt an eine entschuldigende innere Haltung, die Sie gut wahrnehmen können.

Beispiel:

Dackeldame Dodo (Pos. 3) hat einen leckeren Knochen. Spitzmädchen Spatz (Pos. 4) kommt ein bisschen zu dicht des Weges. Dodo knurrt und fletscht die Zähne, gibt zu verstehen: "Verschwinde, das ist mein Knochen!" Spatz trollt sich mit Beschwichtigungsgesten. Stellt sich jedoch Betahündin Bella (Pos. 2) daneben, knurrt und beansprucht den Knochen für sich, verlässt Dodo sofort den Platz, gibt den Knochen auf und bietet ihrerseits Beschwichtigungsverhalten an. Dodo schaltet in Sekundenschnelle von hochrangigem, demonstrativem Verhalten auf unterwürfiges respektvolles Verhalten um, weil die Situation es erfordert.

In der Kommunikation zwischen den Geschlechtern ist es anders. Wenn die Alphahündin von den Rüden etwas erwartet, wird sie bei den nieder- und mittelrangigen Jungs ihr Ziel auch leicht durch ihre Autorität durchsetzen. Beim Alpha- oder Betarüden kann sie jedoch mit einer dominanten Haltung auf Widerstand stoßen, denn sie ist ihnen gegenüber nicht direkt weisungsbefugt. Hier braucht es einen anderen Zugang!
Zum Glück gibt es den auch. Für alle Rüden ist die Alpha-Hündin die anbetungswürdige Königin. Sie vergöttern sie, lesen ihr jeden Wunsch von den Augen ab, legen ihr die Welt zu Füßen. Sie wollen ihrer Angebeteten gefallen und sind stets bestrebt, sie zufriedenzustellen. Die Alphahündin weiß sehr genau: Keiner würde ihr eine Bitte abschlagen. Mit Charme statt Dominanz erreicht sie ihre Ziele, verpackt in eine Bitte, die bei ihren Rüden das Imponierverhalten weckt.

Im **Imponierverhalten** stellt der Hund seine Stärken zur Schau, macht sich so groß und stark wie möglich, zeigt seine Waffen (Zähne), Muskeln und sonstige Vorzüge. Es dient entweder dazu einen Rivalen einzuschüchtern oder, wie hier, das andere Geschlecht zu beeindrucken, dem er in diesem Moment seine ganze Aufmerksamkeit zuwendet.

Ähnlich verhält es sich mit dem Alpharüden, wenn er eine Erwartung an die weiblichen Rudelmitglieder durchsetzen möchte. Die Mädels vergöttern ihren Alpharüden und täten so einiges für seine Aufmerksamkeit. Um ihm zu gefallen, wollen sie es ihm recht machen, auch ohne seine Weisungsbefugnis. Ganz nach dem Motto „Dein Wunsch ist mir Befehl!“ erfüllen sie ihm seine Bitte, wenn er sie entsprechend äußert.

Praxis:

Verzweifelte Worte einer Kundin: „Mein Mann hat unseren Rex viel besser im Griff, obwohl ich viel strenger und konsequenter mit ihm bin. Er hat ja auch so eine laute, tiefe Stimme. Das kriege ich natürlich nicht hin!"
Sie ahnen schon, was ich dieser Kundin erklärt habe. Ihr Zugang zu Rex liegt nicht in der Dominanz. Sie hat inzwischen gelernt, den Wunsch in Rex zu wecken, seinem Frauchen zu gefallen. Seitdem sitzt er lieber treu an ihrer Seite, anstatt den Nachbarsrüden zu vermöbeln, wunderbar!

Die meisten von Ihnen haben ihre Entscheidung, ob Hündin oder Rüde, sicher nicht nach den Kriterien der instinktiven Rudelstrukturen ausgewählt. Vielleicht würden Sie es in Zukunft anders entscheiden. Sollten Sie nun an Ihrer Wahl zweifeln, so möchte ich Ihnen Folgendes sagen: Auch wenn es phasenweise schwierig erscheint, wir haben immer genau den richtigen Hund! Ja, er bringt uns an unsere Grenzen, aber es sind immer Situationen, die wir auch meistern können. Letztlich lernen wir mit jedem Schritt dazu und entwickeln unsere Persönlichkeit. Nichts geschieht durch Zufall und alles hat einen Sinn, auch wenn es sich manchmal erst rückwirkend erklärt. Bleiben Sie dran!

Tipp:
Wenn Sie bei Ihrem anders geschlechtlichen Hund mit Dominanz nicht ans Ziel kommen, versuchen Sie das Imponierverhalten zu wecken! Ändern Sie Ihre eigene innere Einstellung von der Forderung „Du musst…!“ zur Erwartung „Mir ist es jetzt wichtig, dass Du für mich…!“ Fangen Sie aber nicht an zu bitten oder zu betteln, sondern bleiben Sie dabei stolz und majestätisch.

Wie und wann verändern sich die Positionen über die Jahre? Hunde werden älter und schwächer, andere stärker, erfahrener, mutiger… wie reagiert das Rudel auf interne Veränderungen? Damals hat der Chef sich im Bewerbungsgespräch gut verkauft und seitdem stark nachgelassen. Eine Abfindung wäre sehr hoch und Kündigungsfristen sind nach der langen Rudelzugehörigkeit enorm. Andere könnten den Job zwar besser, aber der Entscheidungsposten ist vom trägen Alten blockiert. Ein Jammer für das Rudel!

Sie meinen ich scherze? Gott sei Dank, ja! Zum Glück gibt es den Dominanztrieb, damit permanent alle Positionen daraufhin überprüft werden, ob sie noch optimal besetzt sind, denn im Hunderudel geht es schlicht nach Eignung. Wer den Job am besten macht, der hat ihn auch. Gibt es jemanden, der besser für die Alphaposition geeignet ist, übernimmt derjenige den Job. Soweit, so gut. Wie wird das nun geprüft?

Der **Dominanztrieb** veranlasst die Rudelmitglieder dazu, die Grenzen zu den anderen immer wieder zu testen. Das passiert ebenso wenig durch Fragebögen und unabhängige Prüfungskommissionen wie durch wilde Rangfolgekämpfe (ein verletztes Rudelmitglied wird im Sozialverband natürlich mitversorgt und bedeutet deshalb eine Belastung für das Rudel, da wären die Hunde ja schön dumm…). Sie überprüfen vielmehr immer wieder durch kleine Tests, Provokationen und Demonstrationen im alltäglichen Miteinander die Rangbeziehungen zueinander. Die Summe der Testergebnisse über einen gewissen Zeitraum ist maßgeblich für die soziale Positionierung der Tiere zueinander.

Beispiel:

Willi Whippet (Position 3) läuft zielstrebig über die Lichtung. Leo Labrador (Position 4) kommt von der Seite und stellt sich quer vor Willi, so dass dieser gezwungen ist, zu reagieren. Entweder er droht und schimpft Leo an, macht ihm klar, dass er den Weg frei zu machen hat. Leo trollt sich und weiß, die Positionen haben sich bestätigt. Der nächste Test hat etwas Zeit.

Oder Willi weicht aus und läuft um Leo herum, um seinen Weg fortzusetzen. Ausweichen ist ein untergeordnetes Verhalten und deutet darauf hin, dass die höherrangige Position gegenüber Leo nicht eindeutig gefestigt ist. Dieser wird sehr bald den nächsten Test starten. Ein einzelnes Ausweichmanöver führt noch nicht dazu, dass zwei Tiere ihre Positionen tauschen. Auch Hunde haben mal einen schlechten Tag. Wenn dieselbe oder weitere ähnliche Provokationen erneut niederrangige Reaktionen des eigentlich höherrangigen Tieres hervorrufen, wird gesteigert. So erfordert es wesentlich mehr Mut, eine Ressource wie ein Stück Beute zu beanspruchen. Leo ist mutig und stellt sich neben Willi, der ein Kaninchen verspeist. Leo beansprucht die Beute. Ist die Rangposition zwischen den beiden unklar, wird Willi seine Beute selbst beanspruchen und die beiden messen ihr Durchsetzungsvermögen und ihre Willensstärke, bis einer von beiden aufgibt und der andere seinen Anspruch durchsetzt. Der Schwerpunkt liegt dabei auf der mentalen, nicht auf der körperlichen Ebene. Wenn Willi jedoch seine Beute widerstandslos aufgibt, wird es Zeit, die Positionen zu tauschen.

Von nun an ist Leo die neue Nummer 3 und wird seine Rechte gegenüber Willi, der nun auf Rang 4 gerutscht ist, selbstverständlich einfordern. Die bisher vorsichtige Energie verändert sich zu einer bestimmten Energie. Die innere Haltung wird selbstverständlich und fordernd. Um seine neu gewonnene Position zu festigen, wird Leo (Position 3) nun verstärkt seine Macht gegenüber Willi (Position 4) demonstrieren.

Irgendwann wird Leo anfangen, den nächst höherrangigen Hund (Position 2) mit Provokationen herauszufordern. Genauso wird er eines Tages wieder von Willi überprüft werden. So geht es immer weiter.

Auf diese geniale Weise überprüft jedes Rudelmitglied die Eignung der direkten Nachbarn (aus Rangfolgesicht), so dass jeder Einzelne von zwei Seiten geprüft wird und das Rudel immer die optimale Struktur hat. Selbst die rangniedersten erwachsenen Tiere haben Gelegenheit, Macht zu demonstrieren, nämlich dann, wenn die Junghunde aus dem aktuellen Wurf ihren Platz im Bereich der erwachsenen Tiere suchen.
So schiebt sich die Rangfolge im Rudel in einem fortlaufenden Prozess über Jahre immer wieder neu zurecht. Viele erwachsene Tiere tauschen hin und wieder ihre Position mit dem nächstrangigen. Doch wie verhält es sich mit den Alphatieren?

Seniorberater

Die Alphapositionen sind die Posten, die mit wesentlichen Aufgaben fest verknüpft sind. Unter den erwachsenen Tieren dagegen sind Aufgaben an Persönlichkeiten gebunden, nicht an Positionen. So ist der Rüde mit der besten Nase der Fährtensucher. Er wird es bleiben, ob er den zweiten oder dritten Rang innehat. Der Oberbefehlshaber ist jedoch der Alpharüde, ob er Rex oder Bello heißt.

Einst hatte Bello sich wegen seiner Persönlichkeit, gesteuert durch den Dominanztrieb, bis auf die Alphaposition hochgearbeitet. Dort hat er jahrelang seine Sache sehr gut gemacht (sonst hätte der Betarüde ihn längst abgelöst). Er hat das Rudel erfolgreich durch Höhen und Tiefen geführt. Er hat in diesen Jahren seine Persönlichkeit weit entwickelt und seinen Erfahrungsschatz unglaublich erweitert. Er ist weise geworden. Auch wenn ihn nun die körperlichen und geistigen Kräfte langsam verlassen, so ist und bleibt er unentbehrlich für das Rudel. Am Tag, an dem er seine Verantwortung für das Rudel an Rex übergibt, dankt er ab und bezieht die Sonderposition des Senior-Alpha-Rüden. Dort kann er würdevoll sein Altenteil verbringen und steht dem Rudel, vorneweg den neuen Alphatieren, mit weisem Rat beiseite. So ist für einen reibungslosen Übergang in die neue Ära gesorgt. Sofern er sich nicht selbst versorgen kann, wird der Seniorberater vom Rudel mit versorgt, wie alle alten, kranken, schwachen und jungen Tiere, solange das Rudel das leisten kann.

Eine entsprechende Position ist selbstverständlich auch für die Senior-Alpha-Hündin vorgesehen.
Häufig gibt es einen gemeinsamen Wechsel des Führungspaares, da die Liebe über die Jahre tief geworden ist. Verliert ein Alphatier sein Leben, hat der Partner die Wahl abzudanken oder sich auf den neuen Geschlechtspartner, das bisherige Beta-Tier, einzulassen. Je nach Gesamtsituation wird die beste Wahl für das Rudel getroffen.
Beide Senior-Positionen sind nur hin und wieder besetzt, denn es ist ein besonderes Ereignis, wenn ein Alphatier in Ruhestand geht. Die Alphapositionen werden nicht ständig ausgetauscht. Eine gewisse Kontinuität auf diesen Positionen ist von Vorteil für das Rudel.
Wer das Glück hat, einem alten Alphahund im Ruhestand zu begegnen, der kann förmlich spüren, wieviel Würde er ausstrahlt. Man kann nicht anders, als ihm mit Hochachtung und Respekt zu begegnen.

Praxis:

Einst meldete sich eine verzweifelte Kundin bei mir, die ungeplant ins Krankenhaus musste. Ihre beiden alten Pekinesen, ein Pärchen, der eine blind, die andere taub, sollten währenddessen in meiner Pension mit Gruppenhaltung untergebracht werden. Uns blieb keine Zeit zur Eingewöhnung, und die alte Dame, die Hunde und ich sprangen ins kalte Wasser. Ich hatte zu der Zeit einen pubertären Labrador in der Pension, der keine Gelegenheit ausließ, die anderen Hunde zu provozieren und Grenzen einzufordern. Dazu war er mit gut 30 kg Gewicht ein stattliches Exemplar eines Rüden, der bereits gelernt hatte, Größe und Gewicht zu seinem Vorteil einzusetzen. Ich war auf alles vorbereitet, als ich die Hunde zusammen ließ. Was ich nun erleben durfte, löst noch heute eine Gänsehaut aus, so beeindruckend war die Situation:

Ganz entgegen meiner Erwartung traten die beiden Pekinesen sehr souverän und selbstbewusst auf. Sie waren trotz ihrer Einschränkungen die Ruhe selbst und sogar den fremden Hunden gegenüber aufgeschlossen. Die größte Überraschung aber war die Reaktion der anderen Hunde, allen vorweg die des lebendigen Jungspunds. Wie ein roter Faden zog sich ein äußerst respektvolles Verhalten den Neuzugängen gegenüber durch die versammelte Mannschaft. Zum ersten Mal sah ich den jungen Labrador respektvolle Demutsgesten anbieten, ganz von sich aus, ohne dass es jemand eingefordert hätte. Er hielt rücksichtsvollen Abstand um die beiden Pekinesen, unterbrach sogar sein wildes Spiel, sobald er in ihre Nähe kam, während er üblicherweise alles niederwalzte, was ungeschickt im Weg stand. Die alten Herrschaften waren so würdevoll, dass er ihnen am liebsten einen roten Teppich ausgerollt hätte. Diese Erfahrung hat sich tief in meinem Herzen verankert!

Liebespaare

Der Erhalt des Rudels ist das oberste Ziel der Lebensgemeinschaft. Dazu zählen Reproduktion und Welpenaufzucht. Die Welpen sichern schließlich die Zukunft des Rudels, sie sind die Jäger von morgen. Der Generationenvertrag ist instinktiv verankert. Wer bekommt denn den Nachwuchs?

Bei den Pferden deckt der Leithengst alle Stuten, diese bringen je ein Fohlen zur Welt. Hirsche begatten alle Hirschkühe, die gebären dann ein Kalb, selten Zwillinge. Fast alle weiblichen Tiere sorgen für den Erhalt der Herde.

Bei den Hunden ist es anders. Eine Hündin kann so viele Welpen zur Welt bringen, dass es für den Erhalt des Rudels reicht. Das heißt, das Alphapaar ist alleine für die Reproduktion verantwortlich. Die anderen Hündinnen werden dafür nicht gebraucht. Ausschließlich der Alpharüde deckt allein die Alphahündin. Das gewährleistet, dass nur beste Alphaanlagen an die nächste Generation weitergegeben werden, eine geniale Selektion! Es kann sogar so weit gehen, dass die anderen Hündinnen im Rudel nicht einmal läufig werden. Hitze und Tragzeit sind also mit der Position der Alphahündin fest verknüpft und demonstrieren den höchsten Rang. Im Umkehrschluss gilt, Läufigkeit macht Hündinnen wichtig!

Haben Sie selbst eine unkastrierte Hündin? Vielleicht können Sie bestätigen, dass sie mit jeder Läufigkeit einen Entwicklungssprung macht oder danach irgendwie anstrengender erscheint. Das drückt sich in allen Lebensbereichen aus. Hündinnen, die sich für besonders ranghoch halten, werden oft sogar scheinträchtig. Mit einer Korrektur der sozialen Positionierung haben wir in solchen Fällen schon oft die Lage entspannt.

Was ist denn mit den anderen erwachsenen Tieren? Bilden Sie keine Liebespaare?

Doch, das tun sie, und zwar rein nach Sympathie und frei vom Rang. Sie bilden sogar lebenslange Partnerschaften, die jedoch platonisch bleiben. Es sei denn, die Betatiere bilden ein Paar und entscheiden sich dazu, das große Rudel zu verlassen und ein eigenes Rudel zu gründen. Bleiben sie im Ursprungs-Rudel, ist davon auszugehen, dass das Paar eines Tages die jetzigen Alphatiere ablösen und die Rudelführung übernehmen wird. Dann werden sie Elterntiere.

Man erkennt die Gefährten daran, dass sie viel Zeit miteinander verbringen. Sie machen Revierkontrollen gemeinsam, ergänzen sich gut beim Jagen, ruhen nebeneinander, betreiben gegenseitig Körperpflege, erfreuen sich mit Geschenken und Aufmerksamkeiten (Hunde können unglaublich charmant sein!). Paare teilen ihre Beute und unterstützen den anderen bei Auseinandersetzungen. Häufig beobachtet man Imponierverhalten, anderen Hunden gegenüber werden die Ansprüche auf den Partner deutlich gezeigt. Wenn es um die Liebste geht, nimmt es ein niederrangiges Tier auch schon mal mit einem gestandenen Betarüden auf!

Welpen

Die Alphahündin bringt ihre Welpen allein in einer Erdhöhle zur Welt. Deren Anzahl ist abhängig von den aktuellen Lebensbedingungen. Im Bau sind die blinden und gehörlosen Welpen gut geschützt vor Umwelteinflüssen, Feinden und auch abgeschirmt vom Rest des Rudels. Unter der Erde herrschen gleichbleibende Temperatur, Lichtverhältnisse und Feuchtigkeit, so sind sie bestens aufgehoben. Die Welpen kennen vorerst nur ihre Geschwister und die Mutter. Erst wenn die Kleinen auf eigenen Beinen stehen können, etwa mit drei Wochen, kommen sie aus dem Bau. Nun kommt die Zeit, um in der Prägungsphase die anderen erwachsenen Rudelmitglieder kennenzulernen. Die Sprösslinge werden allseits mit offenem Herzen empfangen. Auch wenn die erwachsenen Tiere grundprinzipiell den Welpen gegenüber erziehungsberechtigt sind, wissen alle Rudelmitglieder, die Kleinen sind die Zukunft der Gemeinschaft. Entsprechend wohlwollend, großzügig und fürsorglich gehen sie mit ihnen um. Sie würden sie beschützen und verteidigen, wenn es nötig wäre, denn auch Welpen-Aufzucht ordnet sich dem höchsten Ziel, dem Erhalt des Rudels, unter.

Ja richtig, wir reden hier von **Welpenschutz**! Es ist das natürlichste Verhalten auf der Welt! Jede Mutter kennt es, aber es gilt eben nur im eigenen Rudel. Die Welpen des Nachbarrudels interessieren nicht die Bohne! Man kann den Welpenschutz nicht einmal auf jedes Hunderudel übertragen, denn ein von Menschen zusammengestelltes Rudel ist nicht natürlich gewachsen, die Tiere sind nach menschlichen Belangen ausgewählt und die Zeiträume zur Teambildung in den meisten Fällen zu kurz. Auch die Zuchttiere sind leider selten die wirklichen Alphatiere, das ist schon durch die Altersbegrenzung unserer Zuchtrichtlinien fast unmöglich. Auch bei einzeln oder paarweise gehaltenen Hunden darf man keinen Welpenschutz gegenüber Dritten erwarten. Manche haben zwar einen ausgeprägten Mutterinstinkt, andere spielen einfach gern mit jungen Hunden, aber bei den Kontakten mit Welpen "in freier Wildbahn", wie bei einem Spaziergang auf der Hundewiese, handelt es sich immer um Welpen anderer Rudel.

Tipp:

Seien Sie wach bei der Begegnung zwischen Welpen und erwachsenen Hunden. Gehen Sie davon aus, dass unter unseren Hunden kein Welpenschutz zu erwarten ist. Umso schöner, wenn es trotzdem klappt!

Praxis:

Eine ganz unproblematische und liebenswerte Retrieverhündin, die niemals verhaltensauffällig wurde und mit ihren sechs Jahren noch nie Probleme mit Artgenossen hatte (so die Beschreibung der Besitzerin), traf bei einem Spaziergang auf einen 13 Wochen alten Welpen. Die Halter leinten die Hunde in vollem Vertrauen ab. Doch welcher Schreck! Die sonst so liebe Hündin stürzte sich ohne Vorwarnung direkt auf den süßen Welpen, warf ihn auf den Rücken, packte seine Kehle und gab wüste Drohungen von sich, bevor die entsetzten Menschen die Hunde trennen konnten.
Der Welpe hat sich zum Glück von seinem Schrecken erholt. Im nachfolgenden Beratungsgespräch stellte sich heraus, dass die Hündin alles andere als unkompliziert war. Sie wirkte unsicher und hatte ein schlechtes Selbstbewusstsein, wie viele einzeln gehaltene Hunde, die häufig alleine sind. Sie ließ Sozialkontakte mit anderen Hunden über sich ergehen und war froh, wenn alles vorbei war. Bei der Begegnung mit dem Welpen konnte sie nun endlich einmal sicher sein, dass ihr nichts passieren würde, ihr ganzer Frust entlud sich auf den Welpen.
Seitdem kam die Hündin als Tagesgast in unsere Pension. In der Gruppe entwickelte sich ihr Selbstbewusstsein so gut, dass es später nie wieder Schwierigkeiten gab und sie ein echter Traumhund wurde, auf den sich die Halter auch im Sozialverhalten verlassen konnten.

Heranwachsende

Die großzügige Haltung der erwachsenen Rudelmitglieder dem Nachwuchs gegenüber ändert sich spätestens, wenn die Halbstarken heranwachsen und sich ihre Plätze als vollwertige Rudelmitglieder unter den erwachsenen Hunden suchen. Und das geht schneller als Mensch denkt.

Spätestens mit der Geschlechtsreife schießen die Geschlechtshormone ein. Bis dahin rochen Jungs und Mädels neutral. Hunde können mit ihren feinen Nasen Hormone riechen. Das bedeutet, ausgestattet mit den unterschiedlichen Geschlechtshormonen riechen die Sprösslinge für Hundenasen nun nach Hündin oder Rüde. Deshalb wissen sie auch, ob sie es bei uns Menschen mit Frau oder Mann zu tun haben. Unsere Nasen sind leider (oder Gott sei Dank) nicht so empfindlich. In etwa gilt Folgendes: Bei der Hündin achten wir auf die erste Läufigkeit, die die Geschlechtsreife anzeigt (im Rudelverband allerdings nicht verlässlich). Beim Rüden wird gesagt, dass mit dem Beinheben beim Urinieren von Geschlechtsreife auszugehen ist. Im Umkehrschluss ist allerdings nicht jeder Rüde, der sich beim Urinieren hinhockt, noch nicht geschlechtsreif. Vielleicht ist er einfach nur gut untergeordnet. Haben Welpen oft die Gelegenheit, sich in Hundegruppen aufzuhalten, schauen sie sich alles Mögliche von den anderen ab. So balanciert mancher Welpe auf drei Beinen, ohne sich des Markierens bewusst zu sein, und ahmt damit das Verhalten der Großen nach, ohne dass Geschlechtsreife eine Rolle spielen würde.

Sicherer ist es für uns Menschen, auf die Energie und die innere Haltung der Heranwachsenden zu achten. Sie wollen um jeden Preis wissen, wo ihr Platz ist, und sie fordern Grenzen intensiv ein. Dabei verhalten sie sich ähnlich wie im Dominanztrieb, jedoch deutlich intensiver. Sie provozieren und testen, was das Zeug hält. Ab sechs Monaten sollten Sie damit rechnen, manchmal auch schon früher. Größere Rassen sind oft etwas später dran. Meistens kommt die Pubertät früher, als wir erwarten.

Tipp:

Wenn Sie unsicher sind, ob Ihr Hund schon geschlechtsreif ist, achten Sie auf seine innere Haltung. Wenn er Sie herausfordert und provoziert, setzen Sie klare Grenzen. Seien Sie dabei ruhig und bestimmt.

Werden den Heranwachsenden deutliche Grenzen gesetzt, so finden sie schnell ihren Platz im Rudel. Wenn sich alle Welpen eingefunden haben, entspannt sich erst einmal die Lage. Gelegentliches Überprüfen aus dem Dominanztrieb heraus tritt wieder an die Stelle der wilden Herausforderungen pubertierender Halbstarker, bis im nächsten Jahr der nächste Wurf heranwächst. Die Junghunde stehen übrigens nicht automatisch an letzter Stelle des Rudels. In jedem Wurf sind Welpen mit Alphaanlagen dabei, die sich durchaus auf Anhieb im Mittelfeld des Rudels einsortieren können. In den nächsten Jahren kann es sein, dass sich der eine oder die andere durch den Dominanztrieb bis an die Betaposition manövriert und eines Tages das Rudel anführen wird. Das wird jedoch ein paar Jahre brauchen, denn ein gewisses Maß an Reife und Lebenserfahrung ist für die verantwortungsvollen Führungspositionen absolut notwendig. Keinesfalls würde ein ein- oder zweijähriges Tier ein Rudel erfolgreich führen können.

Gäste

Häufig kommt es wahrscheinlich nicht vor, dass Hunde in freier Wildbahn Gäste empfangen. Die Situation ergibt sich, wenn ein Einzelgänger auf ein bestehendes Rudel trifft, sei es um durch das Revier zu ziehen oder auf der Suche nach einem Rudel, dem er sich anschließen kann. Trotzdem haben sie ein sehr feines Gespür dafür, wie man sich als Gast und auch als Hausherr zu verhalten hat.

Die Alphatiere empfangen den Gast zuerst. Dieser stellt sich freundlich und offen vor, zeigt, er kommt mit friedlichen Absichten. Nach einem angemessenen Begrüßungsritual findet ein höfliches Kennenlernen zwischen den anderen erwachsenen Tieren und dem Gast statt. Dieser hat keine Ansprüche auf dem Territorium des Rudels, wird aber großzügig geduldet. Der Rang zwischen Rudelmitgliedern und Gast wird nicht geklärt, da der Gast nicht zum Rudel gehört.

Trotzdem kann er sehr beliebt sein und von allen freudig empfangen werden. Genauso kann es passieren, dass er unbeliebt ist, etwa weil er mit schlechten Absichten kommt oder etwas verbirgt. Dann begegnet das Rudel ihm misstrauisch und wachsam oder er wird unmissverständlich vertrieben.

Wenn die Alphatiere entscheiden, dass der Gast bleiben darf, haben alle anderen Rudelmitglieder diese Entscheidung zu akzeptieren, auch wenn sie selbst anderer Meinung sind oder den Gast einfach unsympathisch finden.

Auch kann der Gast sich im Laufe seines Aufenthalts seinen Gaststatus verwirken, indem er Grenzen überschreitet oder eine fordernde Haltung einnimmt. Auch dann wird er schnell in seine Schranken gewiesen. Die Hausherren setzen ihr Hausrecht durch. Dauert der Aufenthalt lange, entsteht das natürliche Bedürfnis zwischen den Tieren, ihren Rang dem Gast gegenüber zu klären. Spätestens, wenn er anfängt, sich zuhause zu fühlen, wird er sich im Rudel positionieren und sich den Regeln des Rudels fügen müssen. Er wird vom Gast zum Rudelmitglied.

Rudelführung

Bisher haben wir das vollständige Organigramm und alle Beziehungen im Hunderudel erarbeitet. Lassen Sie uns nun die Struktur mit Leben füllen! Dabei gilt unser besonderes Augenmerk den Alphatieren. Was sind ihre Aufgaben, welche persönlichen Voraussetzungen müssen sie mitbringen und warum sollten sie ausreichend Vorerfahrung haben? Die Stellenbeschreibung eines Managers beschreibt es sehr gut:

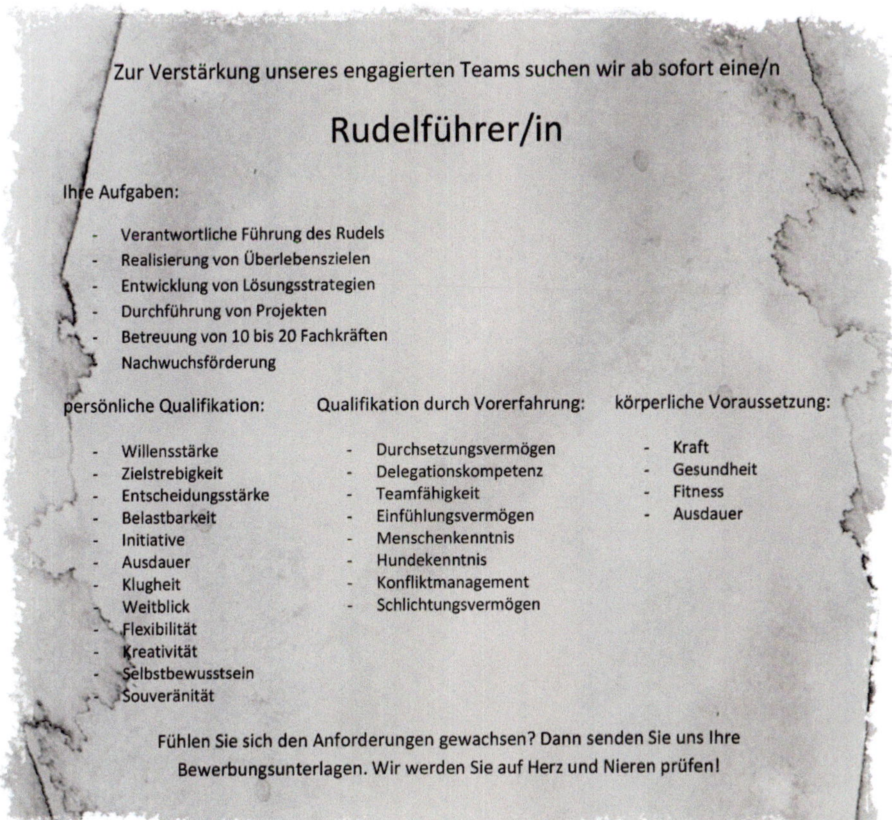

Zur Verstärkung unseres engagierten Teams suchen wir ab sofort eine/n

Rudelführer/in

Ihre Aufgaben:

- Verantwortliche Führung des Rudels
- Realisierung von Überlebenszielen
- Entwicklung von Lösungsstrategien
- Durchführung von Projekten
- Betreuung von 10 bis 20 Fachkräften
- Nachwuchsförderung

persönliche Qualifikation:

- Willensstärke
- Zielstrebigkeit
- Entscheidungsstärke
- Belastbarkeit
- Initiative
- Ausdauer
- Klugheit
- Weitblick
- Flexibilität
- Kreativität
- Selbstbewusstsein
- Souveränität

Qualifikation durch Vorerfahrung:

- Durchsetzungsvermögen
- Delegationskompetenz
- Teamfähigkeit
- Einfühlungsvermögen
- Menschenkenntnis
- Hundekenntnis
- Konfliktmanagement
- Schlichtungsvermögen

körperliche Voraussetzung:

- Kraft
- Gesundheit
- Fitness
- Ausdauer

Fühlen Sie sich den Anforderungen gewachsen? Dann senden Sie uns Ihre Bewerbungsunterlagen. Wir werden Sie auf Herz und Nieren prüfen!

Sie ahnen es sicher schon, diese Anforderung gilt Ihnen, nicht Ihrem Hund. Herzlichen Glückwunsch! Wenn Sie gewusst hätten, was auf Sie zukommt, als Sie sich in dieses süße Fellknäuel verliebten, wären Sie vielleicht doch nicht auf den Hund gekommen? Keine Sorge, Sie können an der Situation nur wachsen! Ich helfe Ihnen dabei.

Aufgaben

Hunde kümmern sich in erster Linie um das, was wirklich wichtig ist. Dazu zählt alles, was dem höchsten Ziel, dem Erhalt des Rudels, dient. Das sind vorrangige A-Aufgaben wie:

A Priorität
- Fortpflanzen ✓
- Welpen aufziehen ✓
- Jagen ✓
- Wachen ✓
- Revier kontrollieren ✓
- Markieren ✓
- Schützen... ✓

Sind die Aufgaben mit Priorität A abgedeckt, geht es an B-Aufgaben. Dazu zählt alles, was dem Erhalt des Individuums dient:

B Priorität
- Fressen ✓
- Saufen ✓
- Ruhen ✓
- Körperpflege betreiben ✓
- Regenerieren... ✓

In guten Zeiten gibt es Gelegenheit für Inhalte der Priorität C:

C Priorität
- Spielen ✓
- Körper und Geist trainieren ✓
- Kontakte pflegen ✓
- Sonne tanken ✓
- genießen... ✓

Ihr Instinkt sagt unseren Hunden, dass sich erst einmal jemand um die wichtigen Belange der Priorität A kümmern muss, damit alle gut versorgt und sicher sind. Dafür verantwortlich ist natürlich das Alphapaar.

Pflichten

Chefin und Chef machen vieles selbst. Darüber hinaus steht ihnen ein Mitarbeiterpool von Spezialisten zur Verfügung, denen sie Aufgaben delegieren. Die Alphatiere sind echte Dispositionstalente und entscheiden, welche Hunde wann jagen gehen, welche inzwischen zu Hause den Bau und die schwachen Tiere bewachen, wer wann welchen Teil des Revieres kontrolliert und markiert, wo Wachen platziert werden oder patrouillieren und vieles mehr.
Sie bestimmen Projektleiter, also Verantwortliche, die einen Auftrag anleiten und ausführen. Das sind oft die jeweils ranghöchsten Tiere einer abgeordneten Gruppe. Das muss aber nicht unbedingt so sein. Wenn die beste Spürnase zufällig ein rangniederes Weibchen ist, wird sie den Jagdtrupp bis zum verfolgten Tier anführen. Dann würde eventuell ein jagderfahrenes Tier übernehmen, wenn es für den Erfolg des Auftrags so am besten ist. Oder es wird gleich ein Abteilungsleiter ernannt, der generell für einen Bereich zuständig ist, wie ein Abteilungsleiter Jagd, vorausgesetzt, es gibt ein geeignetes Tier im Rudel. Das Oberkommando, Vetorecht und letztes Wort bleiben dabei immer beim Alphapaar!
Die Alphatiere haben eine hervorragende Hundekenntnis, sie kennen ihre Rudelmitglieder sehr genau, deren Fähigkeiten und Talente, Stärken und Schwächen. Berücksichtigt werden auch deren Teamfähigkeit und die Beziehungen zwischen den Tieren, damit sie sich gut ergänzen.

Zum Glück kommt ihnen der Instinkt zu Hilfe, denn auch die Zusammensetzung der Trupps greift auf Naturgesetze zurück. So sind bei allen wichtigen Aufträgen immer ranghohe, erfahrene Tiere eingebunden, sodass der Erfolg gewährleistet ist. Gleichzeitig wird deren Wissen und Erfahrung an die jungen Hunde weitergegeben und auf diese Weise für die erfolgreiche Zukunft des Rudels gesorgt – Nachwuchsförderung. Auf diese Weise geht kein Wissen verloren, wie das Auffinden von Heilkräutern, die bestimmte Symptome heilen, oder das Erkennen von giftigen Pflanzen und Tieren, die gemieden werden sollten. Wertvolle Erfahrungen werden an die nächste Generation weitergegeben, etwa wann der richtige Zeitpunkt für einen Angriff ist oder wie man sich einem Beutetier nähert, ohne verletzt zu werden. Darüber hinaus formulieren die Alphatiere exakte Arbeitsanweisungen, beispielsweise wie eine Jagd ablaufen soll, welche Herde angegriffen wird, wie Wachen sich im Ernstfall zu verhalten haben und andere mehr.

Sinnvolle, feste Regeln sind instinktiv verankert und jeder Hund kennt sie von Geburt an, muss sie also nicht erst lernen oder erfahren. Eine dieser instinktiven Regeln lautet „ Eigenmächtiges Entfernen von der Truppe ohne Anweisung oder Erlaubnis ist verboten!" Bei Verstoß gegen dieses Grundgesetz ist mit Konsequenzen zu rechnen. Erlaubnis oder Auftrag erteilt das jeweils ranghöchste anwesende Tier oder das gerade verantwortliche Tier.

Beispiel:

Eine Revier-Patrouille unter Aufsicht der Betahündin überprüft und markiert die Reviergrenzen. Ein Hund macht den Vorschlag, eine Vorhut zu bilden und wendet sich dazu an die Betahündin, die über die Anfrage entscheidet. Sollte sich das Tier stattdessen eigenmächtig entfernen, so müsste es mit einem ordentlichen Verweis der Betahündin rechnen, selbst wenn sich sein Verhalten als sinnvoll herausstellen würde.

Tipp:
Wenn Ihr Hund sich eigenmächtig zu weit von Ihnen entfernt, loben Sie ihn nicht nach seiner Rückkehr, es sei denn er ist noch Welpe. Erwachsene Tiere kennen die Regel und kommen oft schon mit Beschwichtigungsgesten auf uns zu. Dann sollten Sie nicht schimpfen. Schränken Sie Ihren Hund danach ein, machen Sie Unterordnung mit ihm und erinnern auf diese Weise daran, wer hier der Ranghöhere ist.

Darüber hinaus gibt es Regeln, die sich für einen Rudelverband als sinnvoll herausgestellt haben und innerhalb dieser Gesellschaft als Gesetz verankert werden können. Diese Regeln definieren die Alphatiere und alle Hunde müssen sie lernen. Kommen neue Tiere in das Rudel, der nächste Wurf oder ein Einzelgänger, der sich anschließen möchte, müssen sie diese internen Regeln lernen und akzeptieren. Die Alphatiere sind aufgrund ihrer Position und ihrer Persönlichkeit dazu in der Lage, jede Regel im Rudel zu etablieren. Es werden sinnvolle Regeln sein, aber niemand wird die Sinnhaftigkeit dieser Gesetze in Frage stellen, denn die Alphatiere genießen vollen Respekt und Vertrauen.

Praxis:

In einem Husky-Rudel hatte die Alphahündin einen empfindlichen Magen. Wenn sie zu schnell fraß, bekam sie Magenbeschwerden und das Futter kam ihr wieder hoch. In diesem Rudel wurden alle Tiere von ihren Menschen gleichzeitig gefüttert. Es gefiel der Hündin nicht, wie alle ihr Futter verschlangen und dann unruhig um sie liefen, bis auch sie ihre Reste verspeist hatte.

Lassen wir außer Acht, dass die Alphatiere beim Fressen Vorrang hätten, dass sie das gesamte Futter beanspruchen könnten, bevor sie es für die anderen Tiere freigeben würden und sich damit ein respektvolles Warten etablieren könnte. Lassen wir außer Acht, dass mit einer artgerechten Fütterung die Alphahündin keine Magenbeschwerden hätte, und lassen wir außer Acht, dass das Rudel nicht durch natürliche Auslese entstanden war, mit allen möglichen Folgen.

Umso interessanter ist es, wie kreativ diese Alphahündin ihre Situation gelöst hat. Ihr Ziel war ein entspannteres und langsameres Fressen. Sie hat ein neues Gesetz im Rudel eingeführt und durchgesetzt. Sie hat entschieden, dass ab sofort alle Hunde nur noch im Liegen fressen durften.

Die Anweisung war klar, aber nicht für alle nachvollziehbar, frisst es sich doch im Stehen schneller und leichter. So musste die Hündin ihre Regel bei einzelnen Rudelmitgliedern noch bekräftigen, indem sie sich beim Fressen neben sie stellte und deren Futter so lange beanspruchte, bis auch sie lagen, sich also der neuen Regel fügten. Dann gab sie deren Futter frei und machte sich in aller Ruhe an ihre eigene Schüssel.

Der Halter und ich staunten damals gewaltig über ihr Durchsetzungsvermögen, als von da an alle etwa zehn Hunde nur noch im Liegen fraßen. Die Alphahündin musste ihre Mahlzeiten nur noch wenige Male unterbrechen, um die letzten Widerwilligen durch ihre Autorität und Konsequenz zum Gehorsam zu bringen. Von nun an waren die Magenbeschwerden kein Problem mehr für die kluge Alphahündin.

Rechte

Die lange Liste an Aufgaben der Alphatiere ist gekoppelt an ein Paket von Rechten, die uns Menschen manchmal wie übertriebene Vergünstigungen vorkommen mögen. Bei genauerer Betrachtung sind die allgegenwärtigen Vorrechte der Alphatiere jedoch sehr sinnvoll und kommen letztlich immer dem Rudel zugute. Nur ein ausgeglichener Chef ist ein guter Chef! Je gesünder, satter, stärker und erholter die Alphatiere sind, desto besser führen sie das Rudel, umso besser hat es jedes einzelne Mitglied.

Beispiel:
Ist das Beutetier gestreckt, geht es ans Fressen. Hierbei spielt der Rang der Tiere eine große Rolle. Die Alphatiere haben das Recht, die Beute vollständig für sich zu beanspruchen und somit als erste zu fressen.
Das Naturgesetz ist ausgesprochen wichtig und genial. Auf diese Weise ist gewährleistet, dass die Alphatiere immer optimal versorgt sind und ihren wichtigen Aufgaben jederzeit in voller Kraft nachkommen können. Dazu kommt, dass die Alphahündin einige Wochen des Jahres mit Trag- und Säugzeit einer besonderen körperlichen Belastung ausgesetzt ist. Durch ihr Vorrecht an der Beute ist sichergestellt, dass sie sich und ihren Nachwuchs mit den besten Stücken des Beutetieres optimal versorgen kann. In dieser Zeit könnte sie die Milchleiste wählen oder auch die Leber, die voller wichtiger Mineralien und Spurenelemente steckt.

Diese Vorrechte sind übrigens nicht immer nur angenehm! Wenn der Alpharüde das Recht beansprucht, als erster aus der Schlucht zu treten, so tut er das deshalb, weil er Verantwortung für die Gruppe trägt, die mit ihm unterwegs ist. Vor der Schlucht könnte plötzlich alles Mögliche lauern, wie eine erschrockene Tiermutter, die zum Angriff übergeht, eine Gruppe Menschen, die auf der Jagd ist, potentielle Beute, die durch unüberlegtes Vorgehen leicht gewarnt und in die Flucht geschlagen werden könnte. Der Alpharüde trifft aufgrund seiner Erfahrung die beste Entscheidung für das Rudel. Eigentlich ist dieses scheinbare Vorrecht doch eher eine Pflicht, denn die Vorhut lebt nicht ungefährlich.

Genauso verhält es sich mit vielen anderen Rechten, beispielsweise dem Recht auf den Platz mit guter Aussicht. Dieser ist deshalb wichtig für die Alphatiere, weil sie sich selbst einen Überblick über das Rudel und dessen Umfeld verschaffen müssen. Nur wenn sie die Lage kennen, treffen sie beste und vorausschauende Entscheidungen.
Da gönnen wir ihnen doch von Herzen das Recht auf das einzige sonnenbeschienene Plätzchen auf der Lichtung, das sie ohnehin nicht allzu lange genießen können, da die Pflicht bald wieder ruft, oder den trockenen Platz unter der großen Fichte beim Regenguss, das weiche Plätzchen im Moos, wo er kurz mit seiner Liebsten schmusen kann…

Kurz und Knackig – Welt der Hunde

1. Das Rudel wird von einem gleichrangigen Alphapaar geführt.
2. Die Hierarchie im Rudel ist nach Geschlechtern getrennt.
3. Gleichgeschlechtliche Tiere werden durch Dominanz geführt.
4. Andersgeschlechtliche Tiere werden über das Imponierverhalten gesteuert.
5. Der Dominanztrieb sorgt für allzeit optimale Rudelstrukturen und deren Anpassung.
6. In jedem Hund ist der hoch- und niederrangige Verhaltenskomplex instinktiv verankert.
7. Die Alphatiere tragen die Hauptverantwortung, Rechte und Pflichten sind definiert.
8. Der Fortpflanzungstrieb wird nur von den Alphatieren ausgelebt.
9. Welpenschutz ist nur im eigenen Rudel zu erwarten.
10. Über Naturgesetze hinaus können Alphatiere individuelle Regeln etablieren.

Welt der Menschen

Früher und heute

Wie leicht fiel es Ihnen, in diese Bilder einzutauchen? Waren Sie mit mir unterwegs auf der Lichtung, haben sie den Wald gerochen, wurde vielleicht sogar Ihr Jagdfieber geweckt? Es ist nicht verwunderlich, wenn manches davon Sie anspricht, denn das meiste ist uns Menschen vertraut. Mal ehrlich, es ist noch nicht sehr lange her,

...dass wir selbst Wachtürme und Schutzmauern gebaut haben, auf denen Wachen patrouilliert sind.
...dass Krieger uns verteidigt haben.
...dass wir bewaffnete Spähtrupps losgeschickt haben, um das Gelände auszukundschaften.
...dass Jäger Fleisch nach Hause gebracht haben, um ihre Familien zu versorgen.

So weit liegen sie nicht auseinander, die Anlagen der Hunde und unsere. Ich möchte sogar behaupten, sie sind sich sehr ähnlich. Das ist vermutlich auch einer der Gründe, warum Hunde sich relativ unproblematisch in unsere Familien integrieren. Wir sind ähnlich gestrickt, sie fühlen sich bei uns zu Hause.
Früher waren Hunde oft problemlose Begleiter, die uns bei der Jagd, beim Hüten, Wachen, Schützen oder beim Transportieren geholfen haben.
Allerdings hat sich unsere moderne westliche Welt inzwischen sehr verändert. Zum Glück! Wir müssen nicht mehr um unser Leben fürchten, wir haben gelernt zu vertrauen. Wir stellen keine Wachen mehr auf. Wir jagen unsere Lebensmittel im Supermarkt und gehen ins Revier, um Freunde zu treffen. Wir rechnen nicht hinter jeder Ecke mit Gefahren oder besonderen Ereignissen.
Außerdem ist unsere Welt so reizüberflutet, dass wir längst nicht mehr auf jede Bewegung und Veränderung reagieren können, ja

nicht einmal mehr auf jede Person, die uns begegnet. Das brauchen wir auch nicht, denn wir müssen nicht mehr um das Überleben kämpfen. Dazu kommen die vielen technischen Hilfsmittel, die uns das Leben erleichtern wie Autos, Fahrräder, Flugzeuge, Smartphones. Alles und jedes hinterlässt ein Bild, ein Geräusch, einen Geruch, eine Spur. Unsere Welt ist völlig überladen. Wie kommen wir eigentlich damit zurecht?

Wir haben uns angewöhnt, den Großteil der Reize zu ignorieren. Als kleine Kinder haben wir noch auf jeden Reiz reagiert, so wie es uns angeboren ist. Fragen Sie mal ihre Eltern, wie langsam sie damals vorwärts kamen, weil wir Kinder an jedem Stein, jeder Blume, jedem Schneckenhaus staunend stehen geblieben sind. Wir haben dem Plätschern des Wassers, dem Singen der Vögel gelauscht, dem Wind im Haar und dem Regen auf der Haut nachgespürt. Jeder Reiz musste verarbeitet, jeder Schmetterling bestaunt, jedes Moos berührt werden. Im Verlauf der Kindheit haben wir gelernt, zu selektieren. Wir haben angefangen, Reize zu ignorieren, bis wir sie ganz ausblenden konnten. Treibende Kraft war dabei unser Umfeld, von alleine wären wir vermutlich nie auf die Idee gekommen. Reize zu ignorieren ist ein wichtiges Hilfsmittel, um in unserer modernen Welt überhaupt leben zu können. Es kann allerdings auch zu einer Abstumpfung führen, wenn wir nicht gut aufpassen.

Diejenigen von Ihnen, die selbst das Glück haben, Eltern zu sein, teilen bestimmt folgende Erfahrung mit mir: Es ist ein faszinierendes Geschenk, die Welt aus Kinderaugen neu zu entdecken und sich wieder an den kleinen Schönheiten der Natur zu erfreuen. Ich habe mich damals, als meine eigenen Töchter anfingen, die Welt zu erleben, häufiger gefragt, wie ich all das lange Jahre übersehen konnte. Seitdem versuche ich, mir ein bewussteres Wahrnehmen der Natur und meiner Umwelt zu bewahren.

Aufgabe:
Entdecken Sie die Welt durch die Sinne Ihres Hundes neu. Achten Sie auf Geräusche wie Vogelgezwitscher, Knacken im Wald, Autotüren, die einen Besuch ankündigen könnten. Beobachten Sie Bewegungen aller Art auf den Spaziergängen. Machen Sie sich Veränderungen im Wetter oder in der Stimmung bewusst. Versuchen Sie Gerüche wahrzunehmen. Ihrer Phantasie sind keine Grenzen gesetzt!
Beobachten Sie Ihren Hund in diesen Situationen. Oft sind es nur sehr kleine Veränderungen, die Blickrichtung, das Ohrenspiel oder ein Zwinkern. Genau hingeschaut können Sie von Ihrem Hund diese Reize beachten lernen und sogar die Wichtigkeit der jeweiligen Situation für Ihren Hund unterscheiden. Fühlen Sie hinein, fangen Sie an, Ihren Hund und Ihre Umwelt im Feinen wahrzunehmen, nicht erst, wenn er Attacken fährt oder sich wie ein Wildschwein benimmt. Sie werden erstaunt sein, wie eindeutig sein Verhalten schon weit vor den Ausfällen ist.

Wie muss unsere reizüberflutete und unnatürliche Welt auf unsere Hunde wirken? Es muss ein regelrechter Kulturschock sein, als Hund in unsere Menschenwelt zu geraten. Nirgendwo wird gewacht, gejagt, markiert… Grenzen verwischen, was ist mit Naturgesetzen? Rudel mischen sich wild im Revier. Oft ist nicht einmal klar, wer überhaupt zum eigenen Rudel zählt. Was ist mit den höchsten Zielen? Was ist mit dem Erhalt des Rudels? Wo sind Luft, Sonne, Regen, Ruhe…? Stattdessen herrscht Chaos!
Ich erlebe immer mehr gestresste und überforderte Hunde. Ihr Verhalten wird sonderbar bis unberechenbar, ihre Gesundheit leidet. Viele von ihnen kommen mit der Reizüberflutung nicht zurecht. Meistens ist uns dies nicht einmal bewusst. Bitte nehmen Sie die Situation ernst und leiten Sie ihren Hund an, mit unserer westlichen Welt zurechtzukommen. Unsere Welt ist eine unglaubliche Herausforderung für Tiere mit so feinen Sinnen. Als Jäger ist es die Natur unserer Hunde, jeden feinsten Reiz wahrzunehmen. Der Jagderfolg und damit ihr Überleben hängen davon ab. Hunde hören, riechen und spüren um ein Vielfaches intensiver als wir.

Tipp:

Wenn Ihr Hund auf Geräusche oder andere Reize reagiert, sagen Sie ihm, wie Ihre Entscheidung lautet: „Wir ignorieren das!", „Ich regle das!", „Entspann Dich!" oder „Alles ist gut!". Vermitteln Sie Ihrem Hund, dass Sie die Situation im Griff haben. Es entstresst ihn, wenn er weiß, dass Sie den Reiz auch wahrgenommen haben.
Das machen Sie bitte nur, solange Ihr Hund noch über die Situation nachdenkt. Hat er seine eigene Entscheidung schon getroffen und startet gerade eine Attacke am Gartenzaun, wäre ein „Alles ist gut!" unangemessen.

Welche Erwartung haben wir, wenn wir meinen, dass unsere Hunde all diese Reize von alleine ignorieren? Sie brauchen unsere Hilfe, damit sie sich in unserer Welt zurechtfinden. So wie unsere Eltern uns als Kinder in die moderne Welt eingeführt haben, sollten wir unsere Hunde anlernen. Wir sollten ihnen Halt geben, sinnvolle Grenzen, Regeln und Strukturen – Hunderegeln, nicht Menschenregeln! Wir sollten anfangen, unsere Welt aus der Perspektive der Hunde zu verstehen und ihnen ein guter Rudelführer werden.
Wir können unsere Hunde entstressen, indem wir ihnen das Sicherheitsdenken abnehmen, sodass sie uns bedingungslos vertrauen. Wir können ihnen zeigen, dass wir alles unter Kontrolle haben. Vermitteln wir ihnen, dass sie bei uns sicher und gut versorgt sind, auch ohne jedes Detail unserer Menschenwelt zu verstehen. Entlasten wir sie, sodass sie ihr Leben genießen können und unbeschwert Hund sein dürfen. Denn das sind die Hunde, die unser Leben bereichern mit guter Laune, ausgelassenem Spiel und bedingungsloser Liebe. Ein Nervenbündel kann das nicht. Tragen Sie Ihren Teil dazu bei, helfen Sie Ihrem Hund in die Menschenwelt. Werden Sie zum Rudelführer und seien Sie Ihrem Hund ein gutes Leittier! Ich zeige Ihnen einen Weg.

Soziale Positionierung

Führungsbilder

Nun ist es also klar, Hunde brauchen Führung.
Leider ist Führung für uns Menschen oft negativ besetzt und deshalb sträuben sich viele von uns bewusst oder unbewusst dagegen. Das verstehe ich sehr gut, denn Negativbeispiele menschlicher „Führung“ gegenüber Haustieren (und auch anderen gegenüber) gibt es reichlich: Machtmissbrauch, Unterdrückung, Ausbeutung, Strafe, Willkür, Ungerechtigkeit, Strenge, Qual… Nachrichten und Internet sind voll davon und ein mitfühlender Mensch kann so viel Leid gar nicht aushalten.
Die Angst vor negativer Führung ist so groß, dass wir lieber gar nicht führen und alles auf partnerschaftlicher Ebene regeln wollen. Dass das nicht funktioniert, habe ich ausführlich erklärt. Wenn wir es nicht tun, muss es unser Hund tun.

Also lassen Sie uns neu lernen, positiv zu führen: Vorneweg sei gesagt, die Liebe fließt immer! Sie dürfen lieben, was das Zeug hält! Öffnen Sie Ihre Herzen! Ihr Hund liebt bedingungslos, schauen Sie sich das ab. Ihm ist egal, wie groß oder klein Sie sind, ob blond oder braun, jung oder alt, dick oder dünn, schmutzig oder sauber. Seine Liebe ist nicht an Äußerlichkeiten geknüpft. Er liebt Ihre Persönlichkeit mit allen Stärken und Schwächen. Ist das nicht wunderbar? Tun Sie es ihm gleich. Lieben Sie die Persönlichkeit Ihres Hundes immer und ohne Ausnahme! Seien Sie eine liebevolle Chefin, ein liebevoller Chef.
Liebe ist jedoch nicht gleichbedeutend mit Grenzenlosigkeit und Respektlosigkeit. Wenn Sie Ihrem Hund Grenzen setzen, dann entziehen Sie ihm NICHT die Liebe. Sie sind in dem Moment nicht einverstanden mit seinem Verhalten, aber seine Persönlichkeit stellen Sie niemals in Frage.

Aufgabe:

Finden Sie Ihr persönliches, verantwortungs- und liebevolles Führungsbild, möglicherweise so:

Grundgehorsam

Und jetzt habe ich ein Geschenk für Sie: Wenn Sie Ihr Rudel überzeugend führen, stellt sich der Grundgehorsam bei Ihrem Hund von alleine ein!

Praxis:

Ein verzweifeltes Paar suchte mich auf. Sie waren total verliebt in ihren Hund, einen bildhübschen und kräftigen Ridgeback-Rüden. Sie sagten mir, sie wären total zufrieden mit ihrem Traumhund bis auf das Problem mit der Leinenaggression. Alles andere liefe super. Der eigentlich sanfte Hund begann bereits mit sechs Monaten, an der Leine andere Hunde anzupöbeln mit dem Ergebnis, dass sich seine Sozialkontakte seitdem auf wenige Hunde, die er von klein auf kannte, beschränkten. An Spaziergänge von zu Hause aus sei nicht zu denken. Dreimal täglich fuhr einer von beiden mit ihrem inzwischen sechsjährigen Hund aus der Stadt heraus, um im freien und vor allem einsamen Gelände spazierenzugehen, immer in der Sorge, andere Spaziergänger zu treffen.
Sie hatten schon mehrere Hundetrainer aufgesucht, die erfolglos versucht hatten, das Problem zu lösen. Bei genauerem Nachfragen stellte sich heraus, dass der Ansatz jeweils symptombezogen statt ursächlich war. Mit allen möglichen und unmöglichen Hilfsmitteln wurde versucht, dem scheinbar schwer erziehbaren Hund das erwünschte Verhalten einzutrichtern und gleichzeitig die unerwünschte Pöbelei auszutreiben, letztlich immer erfolglos.
Ich machte den Besitzern klar, dass sie nicht zum Ziel kommen könnten, wenn sie nur das eine Verhalten isoliert betrachten würden. Ich lenkte das Augenmerk auf ihre eigenen Führungslücken und das Paar begann zu verstehen, dass durch ihre mangelnde Führung der verzweifelte Hund sich schon mit sechs Monaten in Begegnungssituationen alleingelassen, unsicher und völlig überfordert gefühlt hat. Wegen der Zurückhaltung seiner Menschen meinte der Rüde, die Situation selbst regeln zu müssen, und begann sich eine Strategie zurechtzulegen, die die unsichere Lage schnell auflöste. Schließlich verschwand der andere Hund sofort von der Bildfläche, wenn der Ridgeback sich nur laut und aufgeregt genug aufführte. Schnell etablierte sich diese unfreundliche Pöbelei, da sie ja jedes Mal erfolgreich war. Die Ursache für dieses auffällige Verhalten war also in den Führungslücken der Halter begründet. Solange diese Führungslücken nicht souverän durch die Menschen gefüllt werden, bleibt jede sogenannte Verhaltenskorrektur erfolglos, da sich das eigentliche Problem nicht ändert.
Nun zeigte ich meinen Kunden, wie sie ihr eigenes Verhalten ändern konnten,

um ihrem Hund jederzeit Sicherheit durch gute Führung zu geben und sich so als Rudelführer überzeugend sozial zu positionieren. Der Hund war schneller überzeugt als seine Menschen, er entspannte sich sofort. Das eigentlich sehr sanfte Tier war überaus erleichtert, dass ihm endlich jemand diesen stressigen Job abnahm. Schon in der zweiten Trainingsstunde suchten wir Begegnungssituationen und erlebten einen völlig entspannten Hund. Die Kunden trauten ihren Augen kaum, denn ihr Rüde kam erst gar nicht auf die Idee, das übliche Verhaltensmuster anzubieten. Es gab für ihn einfach keinen Anlass, denn seine Besitzer hatten die Situation überzeugend im Griff. Durch die Arbeit an ihrem hundischen Führungsverhalten bekamen die Halter nun das Geschenk des Grundgehorsams, ganz einfach, nachhaltig, stress- und gewaltfrei, ist das nicht wunderbar?

Mittlerweile geht Frauchen problemlos von zu Hause aus spazieren und hat sich ihr Revier zurückerobert. Wir haben den tollen Kerl sogar noch in unsere Hundegruppe integriert, so dass er völlig frei Kontakte zu Artgenossen haben konnte. Das hatte er sechs Jahre lang nicht erlebt. Es hat uns vor Rührung die Tränen in die Augen getrieben, wie der sanfte Riese sich vorsichtig ausprobiert hat. Das Paar erfreut sich nach all den Jahren nun an einem wirklich gehorsamen Hund, der sich nicht durch Konditionierung in ein widersprüchliches Zielverhalten drängen ließ. Allein die Arbeit an seinen Menschen hat den Ridgeback-Rüden auf seine untergeordnete und gehorsame Position gerückt.

Grundgehorsam ist also keine Erziehungssache, sondern eine Folge von erfolgreicher sozialer Positionierung. Nur wenn Ihre soziale Positionierung nicht stimmt, Ihr Hund also Ihre vermeintliche Alphaposition anzweifelt, kann es viele Jahre dauern, bis Ihr Hund sich halbwegs so verhält, wie Sie es möchten, manchmal dauert es auch ein Hundeleben lang.

Wenn Sie bisher glaubten, für die Erziehung zum ordentlichen Grundgehorsam bräuchte es mehrere Jahre, habe ich eine gute Nachricht für Sie: Ein guter Grundgehorsam kann schon nach zehn Minuten abrufbar sein, denn dieses rücksichtsvolle und umsichtige Verhalten ist im Hund instinktiv verankert und wird dem Höherrangigen gegenüber freiwillig angeboten. Ausschlaggebend hierfür sind die ersten Momente der Begegnung miteinander:

Sie treffen auf einen Hund. Bewertet er Sie als Artgenosse, beurteilt er sofort Ihren Rang. Wie sind Ihre Energie, Ihre innere Haltung, die Gefühlslage, Ihre Körperhaltung, Ihre Positionierung und Ihr Verhalten? Sind Sie ein ranghohes, also ernstzunehmendes Gegenüber oder nicht? Wenn der Hund Sie erfasst hat, überprüft er den ersten Eindruck, indem er Sie herausfordert oder seinen eigenen Rang demonstriert. Durch Ihre Reaktion bestätigt sich das Bild oder nicht. Als ranghoher Hundemensch könnten Sie ihm zuvorkommen und agieren anstatt zu reagieren. Dann ist sofort klar, dass Sie ernstzunehmen sind.

Der Hund hat nur zwei Möglichkeiten: Entweder er hält sich selbst für höherrangig, dann verhält er sich Ihnen gegenüber bestimmend, fordernd und reagiert nur auf Sie, wenn er gerade will. Sein Verhalten wird zur Glückssache. Oder er hält Sie für höherrangig, dann verhält er sich respektvoll und gehorsam. So einfach kann es sein, wenn man die Hundesprache beherrscht!

Ideales Menschen-Hunde-Rudel

Werfen wir einen Blick auf unsere menschlichen Lebensgemeinschaften und bringen sie zusammen mit den instinktiv verankerten Rudelstrukturen der Hunde. Diese sind die Vorlage, die unsere Hunde zu Hilfe nehmen, wenn sie ihren Platz im Menschenrudel suchen. Übrigens spielt es hierbei keine Rolle, ob Ihr Hund kastriert wurde oder nicht. Auch kastrierte Hunde riechen nach Geschlechtshormonen, diese werden nur nicht ständig erneuert. Wenn Ihr Hund allerdings vor seiner Geschlechtsreife kastriert wurde, kann es schwierig werden. Vielleicht beobachten Sie, dass Ihr Hund von anderen Hunden häufig bedrängt wird. Das könnte daran liegen, dass diese einen erwachsenen Hund vor sich haben, aber nicht beurteilen können, ob es ein Rüde oder eine Hündin ist. Das kann tatsächlich zu Schwierigkeiten im sozialen Miteinander führen.

Tipp:

Wenn Sie Ihren Hund kastrieren wollen, warten Sie unbedingt die Geschlechtsreife ab!

Im Grunde finden Sie alle Positionen des Hunderudels auch in unseren Menschenfamilien wieder. Eine Besonderheit machen jedoch unsere Menschenkinder aus, weil sie zum Erwachsenwerden deutlich länger brauchen als Hundewelpen.
Sie fragen sich, wann unsere Kinder aus Hundesicht erwachsene Familienmitglieder werden? Sie kennen die richtige Antwort schon: Mit der Geschlechtsreife, also wenn die Geschlechtshormone gebildet werden, werden Kinder zu Heranwachsenden – genau wie die Hundewelpen, nur dass gut zehn Jahre Altersunterschied dazwischen liegen. Dann wird ein Menschenkind von den erwachsenen Hunden als vollwertiges Rudelmitglied betrachtet und sollte sich spätestens jetzt einen höheren Rang erarbeiten als der Hund. Denn sowohl ein erziehungsberechtigter als auch ein weisungsbefugter Hund darf aus seiner Sicht die Zähne einsetzen, um sich durchzusetzen – und das passiert häufiger als man denkt, auch und gerade im eigenen Rudel.
Andererseits kann ein achtjähriges Kind mit starkem Willen und Durchsetzungsvermögen durchaus auch einen erwachsenen Hund führen und macht so manchem alten Hasen etwas vor.
Sie haben den Hund aus erzieherischen Gründen für Ihr Kind angeschafft, damit es Verantwortung und Zuverlässigkeit lernt? Eigentlich ist Ihr Hund der Hund Ihres Kindes? Sie wissen sicher schon, dass die Rechnung nicht aufgeht. Ein Hund ist immer eine Familienangelegenheit. Sie können zwar einzelne Aufgaben verteilen, aber dem Oberkommando und der Verantwortung als Alphatier können und dürfen Sie sich nicht entziehen!
Sie vertrauen Ihrem Hund, weil zwischen Hund und Kind eine besondere Nähe besteht? Das eine schließt das andere nicht aus. Die Nähe und Liebe von Seele zu Seele, von Person zu Person liegt auf der Beziehungsebene. Die Rangfolge ist eine andere Ebene. Auch Eltern lieben ihre Kinder, haben tiefe Nähe und umgekehrt und trotzdem sind sie nicht gleichrangig.
Meistens haben Hunde im Rudel einen Menschen, dem sie sich gefühlsmäßig besonders verbunden fühlen. (Ich rede nicht von dem, der immer füttert und dadurch Bindung aufbaut.) Oft ist das eines der Kinder, denn diese sind seelisch meist offener als wir Erwachsene. Gleichzeitig haben Kinder und Hunde häufig eine ähnliche Energie, das sanguinische Temperament. Dadurch

entsteht leicht eine Verbindung. Und genau das ist einer der Gründe, warum Hunde so eine große Bereicherung für uns sind. Ein ausgeglichener Hund an der Seite Ihres Kindes ist eine große Wohltat in dieser Welt.

Aufgabe:

Versuchen Sie, die folgenden zwei Beispiel-Familien in das Schaubild der Rudelstruktur einzusortieren. Wie sollten die Positionen im Idealfall aus der Sicht der Hunde aufgeteilt sein? Denken Sie daran, dass die Alphapositionen immer besetzt sein müssen. Berücksichtigen Sie auch das Alter und die Reife der Rudelmitglieder. Gelingt es Ihnen? Auf den folgenden Seiten finden Sie die jeweilige Lösung und Erklärungen dazu.

Beispiel:

I. Familie Beagle:
Beate Beagle, Ehefrau, Mutter, Hausfrau, 42 Jahre
Bernd Beagle, Ehemann, Vater, Außendienst, 45 Jahre
Bianca, Tochter, Studentin, Single, am Wochenende zu Hause, 19 Jahre
Benjamin, Sohn, Kindergarten, 5 Jahre
Oma Brunhilde, Mutter von Beate, wohnt im Nachbarhaus und kommt täglich zum Essen, 69 Jahre
Bella, Hündin, 3 Jahre, Beagle

RUDELSTRUKTUR
SENIOR
SENIOR
ALPHA
1
1
2
2
3
3
4
4
DOMINANZTRIEB
5
5
6
6
7
7
8
8
9
9

Lösung – Familie Beagle:

Beate ist als Familienoberhaupt die Alphahündin und führt das Rudel gemeinsam mit ihrem Mann **Bernd**, dem Hausherrn.
Die gemeinsamen Nachkommen bekräftigen die Positionen. Bernd hat es in dem Fall leicht. Er bekommt als einziges männliches, erwachsenes Rudelmitglied die Alphaposition geschenkt. Doch Vorsicht, Bernd! Das nützt Dir alles nichts, wenn Du Dich entspannt zurücklehnst. Ein untauglicher Alpharüde wird von den Hündinnen nicht ernstgenommen! Sie behandeln Dich dann eher wie den rangniedersten Rüden, die Position hast Du schließlich auch inne.

Bianca ist auf der Betaposition ebenfalls Bella gegenüber weisungsbefugt.
Die erwachsene Tochter ist zwar nur am Wochenende da, das ist jedoch kein Problem für Bella, ganz im Gegenteil. Abwesenheit macht Bianca sogar wichtig. Nur starke Tiere gehen auf Jagd, und so ein Ausflug dauert auch mal ein paar Tage lang. Wichtig ist dabei, dass im Augenblick der Rückkehr Biancas Rang von allen bekräftigt wird. Hier sind Reihenfolge und Intensität der Begrüßung wesentlich. Richtig wäre, ranghohe Tiere zuerst zu begrüßen (Bianca begrüßt ihre Eltern vor Bella)! Und starke Heimkehrer werden von den Daheimgebliebenen am Eingang empfangen, nicht in den Tiefen des Baus (die Eltern empfangen Bianca an der Haustür, während Bella wartet, bis sie an der Reihe ist). Leider sieht die Realität oft entgegengesetzt aus und muss Hunde zwangsläufig verwirren.

Oma **Brunhilde** belegt als Mutter von Beate die weibliche Senior-Position.
Als Vorbild für Bella bestätigt das ganze Rudel ihren würdevollen Rang, so hat sie einen Bonus gegenüber Bella. Das heißt, Brunhilde darf sich den einen oder anderen Führungsfehler aufgrund ihrer eingeschränkten körperlichen oder geistigen Verfassung erlauben, ohne dass Bella über den Dominanztrieb gleich ihre Position in Frage stellt. Das könnte passieren, wenn Oma sich als ältestes Rudelmitglied unter den erwachsenen Hunden der weib-

lichen Seite eingliedern würde. Hier müsste sie in jedem Fall ihre Position über Bella behaupten. Außerdem müsste sie sich dort ihrer eigenen Tochter unterordnen, was vermutlich nicht authentisch gelänge. Spätestens da entstünde eine Schieflage, denn wir können den Hunden nichts vormachen. Sie blicken direkt in unsere Herzen und verstehen uns oft besser als wir uns selbst.

Bella steht der letzte Rang auf der weiblichen Seite zu, die derzeit dritte Position.
Während Biancas Abwesenheit bleibt Position zwei vorerst vakant. An den Wochenenden ist Position 2 ausgefüllt. Wenn Bianca jedoch seltener nach Hause kommt oder mit einem Freund Bernhard einen eigenen Haushalt gründet und sich in ihrem Elternhaus mehr als Gast fühlt, dann wird die Hündin Bella irgendwann auf Position zwei aufrücken. Ein Gast hat einen anderen Status und die Beziehung zwischen Bella und Bianca verändert sich.

Benjamin ist eindeutig in der Welpengruppe einzuordnen und genießt dort das unbeschwerte Leben eines Welpen.
Trotzdem Achtung! Bella als erwachsener Hund ist instinktiv Benjamin gegenüber erziehungsberechtigt. Deshalb darf er keinesfalls mit ihr unbeaufsichtigt bleiben, egal wie groß die Liebe sein mag. Die Alphatiere, insbesondere die Alphahündin als Mutter, dürfen hier Regeln etablieren, die offensives Verhalten und den erzieherischen Einsatz von Zähnen Menschen gegenüber generell verbieten.

BEISPIEL I
FAMILIE BEAGLE
BRUNHILDE
SENIOR
SENIOR
BEATE
BERND
ENJAMIN
BIANCA
BELLA
DOMINANZTRIEB

Tipp:

Wenn Sie kleine Kinder haben, schaffen Sie für Ihren Hund einen kindersicheren Rückzugsbereich, wie ein Körbchen oder eine Box, der für das Kind tabu ist. Die Alternative für Situationen, in denen Ihr Hund sich dem Kind gegenüber instinktiv durchsetzen würde, sollte sein, dass der Hund sich dorthin zurückzieht. Ihr Kind muss lernen, dass es den Hund dort vollkommen in Ruhe lässt. Diese Tabu-Regel muss auch an Gäste weitergegeben und überwacht werden. Kleine Hunde in Höhlen haben eine magische Anziehungskraft auf Kinder.

Nun hat Familie Beagle eine perfekte Zielformulierung. Wenn es ihnen gelingt, hundisch so gut zu führen, dass auch Bella das Organigramm bestätigt, dann werden sie viel Freude mit einem zufriedenen und entspannten Hund haben. Ein Hund, der die Entscheidungen der Rudelführung akzeptiert, im Gehorsam steht und die Familie überall hin begleiten kann, mit und ohne Leine. So, wie es sich fast jeder beim Einzug eines Hundes wünscht. Viel Erfolg!

Beispiel:

II. Familie Schäfer:
Sonja Schäfer, selbstständig, 28 Jahre
Sam, Rüde, 1 Jahr, Schäferhund

RUDELSTRUKTUR
SENIOR
SENIOR
ALPHA
1
1
2
2
3
3
4
4
5
5
6
6
7
7
8
8
9
9
DOMINANZTRIEB

BEISPIEL II
FAMILIE SCHÄFER
SENIOR
SENIOR
SONJA
SAM
DOMINANZTRIEB

Lösung – Familie Schäfer:

Sonja ist als einziges weibliches Rudelmitglied Alphahündin.

Sam ist als einziges männliches Rudelmitglied Alpharüde.

Da gibt es keine wirklichen Alternativen. Mit dieser Konstellation hat Sonja sich eine besondere Herausforderung gesucht. Grundprinzipiell sind ihr Rüde und sie gleichberechtigt. Trotzdem kann sie ihn entstressen, indem sie ihren Führungsjob besonders gut macht. Je besser Sonja führt, desto weniger Lücken meint Sam füllen zu müssen, denn sie teilen sich ja die Führungsaufgaben. Was die Chefin schon erledigt hat, braucht Sam nicht mehr zu entscheiden. Das Wichtigste für Sonja ist, autark zu bleiben und sich nicht beanspruchen zu lassen. Würde sie Sam zeigen, dass sie ihre Baustellen nicht selbst lösen kann oder will, würde er anfangen, sie zu bewachen und zu beschützen. Was Sonja für sich selbst beansprucht, kann er nicht mehr beanspruchen.
Je älter Sam wird, desto besser kommt er mit seiner Rolle zurecht, weil sich eine gewisse Souveränität und Lebenserfahrung entwickelt. Trotzdem sollte Sonja in der Entscheider-Rolle bleiben. Sam wird sonst anfangen, Entscheidungen zu treffen, die ihr nicht gefallen. Wenn er mit Alphaanlagen gut ausgestattet ist, wird es schwieriger. Mit reiner Dominanz wird sie ihn vielleicht nicht zum erwünschten Verhalten bringen können. Wenn sie jedoch sein Imponierverhalten weckt, kann er nicht anders, als ihr ihren Wunsch zu erfüllen. Solange sie nicht wirklich in Gefahr ist, ist es für einen Alpharüden vorrangig, seiner Alphahündin einen Wunsch zu erfüllen, sonst wäre das höchste Ziel gefährdet. Sollte Sonja eines Tages einen Mann, Shaun, mit ins Rudel bringen, ist in einer solchen Konstellation mit Widerständen zu rechnen. Schließlich macht der Neue als Herzensfreund der Alphahündin dem Rüden den Rang streitig und muss ihn eigentlich auch gleich von dort verdrängen. Sie gehen in direkte Konkurrenz, mit Widerständen ist zu rechnen.

Seien Sie sich bewusst, dass diese Veränderung eine besondere Situation darstellt. In freier Wildbahn käme sie kaum vor. Das Verhalten des Hundes hängt sehr von seiner Beziehung zu Sonja und auch von seiner Persönlichkeit ab.
Je souveräner Shaun im Haus seine Rolle als Alpharüde ausfüllt und je eindeutiger Sonja ihre Herzensbeziehung zu Shaun ausdrückt, desto klarer ist die neue Situation für Sam. Entweder kann er seine Alphahündin dem neuen Rudelführer überlassen, denn der scheint ja zu wissen, was er tut. Oder er fühlt sich herausgefordert und verlässt seine Position nicht kampflos.
Geben wir dem Hund dagegen viel Zeit und Raum, um sich vorsichtig und schrittweise auf die neue Situation einzustellen, könnte das eher zögerlich wirken und vermittelt dem Rüden Führungsunsicherheit. Auch das könnte zu Komplikationen führen.
Wie auch immer Sie die Situation angehen, Sie sollten sich wohl dabei fühlen und authentisch sein. Notfalls ziehen Sie eine geeignete Trainerin/einen geeigneten Trainer dazu.

Tatsächliches Menschen-Hunde-Rudel

Nun wissen Sie, wie ein Rudel-Organigramm für eine harmonische Mensch-Hund-Beziehung im Idealfall aussehen könnte. Vielleicht ahnen Sie schon, dass es sich in der Realität oft anders darstellt. Ich male ein wenig schwarz-weiß:
Wir erwarten gerne, dass unsere Hunde sich zwischen uns wohlfühlen, sich unseren Lebensgewohnheiten anpassen, unsere Sprache verstehen – und das tun sie auch. Unsere Hunde lernen sehr schnell, wie sie sich verhalten müssen, um unsere Aufmerksamkeit zu bekommen und uns zu gefallen. Sie spüren immer, wie es uns geht. Sie erkennen auch sehr schnell, wo unsere Defizite sind und fangen an, unsere Lücken zu schließen, unsere Erwartungen zu erfüllen und uns zu dienen. Wir gewinnen den Eindruck, sie verstünden jedes Wort. Hunde werden schnell unentbehrliche Familienmitglieder und wachsen uns ans Herz. Oft sind sie uns lieber als andere Menschen. Kein Wunder! Sie sind bestechend aufrichtig, lieben uns bedingungslos, sind treu und immer da, wenn wir sie brauchen.
Bei aller Anpassungsfähigkeit bleibt der Hund jedoch ein Hund und verwandelt sich nicht in einen Menschen. Würden wir so schnell Hundisch lernen wie der Hund uns Menschen versteht, würden wir bemerken, wo die Widersprüche liegen. Aber leider hängen wir in unserer Perspektive fest. Trotzdem beurteilt unser Hund uns unbemerkt nach hundischen Maßstäben und sortiert uns unserem Verhalten, unserer Energie und inneren Haltung entsprechend in sein Schaubild ein. Was soll ich sagen? Aus hundischer Sicht sind wir ziemlich hoffnungslose Fälle. Liebenswert zwar, aber von Führungsverhalten keine Spur. Nicht einmal die Naturgesetze kann man bei uns sicher voraussetzen.

Unser Hund beobachtet, provoziert und demonstriert, was das Zeug hält, und zwar vom ersten Moment an. Wir ahnungslosen Menschen merken nicht, was da passiert. Wir sind noch in der Eingewöhnungsphase, wo wir unserem neuen Familienmitglied viel Zeit und Raum lassen, um anzukommen und sich wohlzufühlen. Wir sind verzaubert von den wundervollen Seiten unseres Hundes und stehen noch staunend da. Wir lassen uns auf ihn ein und möchten ihn kennenlernen, wir entscheiden bewusst, uns Zeit zu nehmen. Das ist menschlich.

Praxis:
Diesen amüsanten Fehler habe ich nach Gründung meiner Hundepension mit neuen Gästen auch gemacht. Während ich wollte, dass der neue Hund sich wohlfühlt und gute Erfahrungen macht, hat dieser jede Gelegenheit genutzt, um alle wichtigen Belange zu regeln und alle nach seiner Pfeife tanzen zu lassen. Mühsam musste ich die Herrschaften dann wieder vom Gegenteil überzeugen, nämlich dass ich es bin, die hier die Regeln macht.
Ich habe Folgendes gelernt: Es gibt zwei Möglichkeiten, entweder ich forme mein Umfeld oder mein Umfeld formt mich, und zwar vom ersten Augenblick an. Heute werde ich gleich aktiv und vermittle den neuen Hunden, dass sie sich um nichts kümmern müssen, da ich hier alles im Griff habe, ihnen gebührt der Gaststatus. Und siehe da, die Eingewöhnung läuft viel unproblematischer und entspannter als früher und die Hunde fühlen sich trotzdem – oder gerade deshalb – pudelwohl!

Wir ahnungslosen Menschen halten es für höflich, dem Hund den Vortritt zu lassen. Wir laufen um ihn herum, wenn er mitten im Weg liegt, springen an die Seite, wenn er beim Spielen stürmisch angerannt kommt. Wir Menschen drehen uns weg, wenn unser Hund uns anspringt und gehen mehr rückwärts als vorwärts. Für den Hund ist das durchweg rangniederes Verhalten.
Wir lassen uns dominieren und meinen, der Hund würde kuscheln.
Wir lassen uns kommandieren und degradieren uns zum Tür-

öffner, Dosenöffner, Kraul- und Ausgehassistenten... weil wir Verwöhnprogramm mit Liebe verwechseln.
Wir lassen uns Gassi führen. Wir warten geduldig, wenn Herr Hund entscheidet zu schnuffeln oder zu markieren, wir gehen erst weiter, wenn Herr Hund dazu aufruft. Wir lassen unseren Hund gerne und bewusst entscheiden, weil wir meinen, so seine Bedürfnisse zu befriedigen und fügen uns gehorsam seinen Entscheidungen.
Wir erheben keinen Anspruch auf wichtige Plätze, weil wir sie gar nicht kennen. Wir teilen Tisch und Bett einschließlich Sofa mit unserem Hund und rücken beiseite, damit er es bequem hat.
Wir erheben keinen Anspruch auf unseren Partner, sondern schmusen mehr mit dem Hund als mit ihm/ihr. Wir finden es toll, wenn unser Hund uns oder unseren Partner beansprucht, wir bemerken es nicht einmal, verwechseln Anspruch mit Zuneigung. Schiebt er sich penetrant und rücksichtslos dazwischen, wenn wir uns umarmen, dann beziehen wir ihn mit ein, weil er ja dazugehören will und haben Mitleid mit dem armen, vernachlässigten Tier. Unser Hund bekommt die meiste Aufmerksamkeit von allen, weil er so bezaubernd und immer da ist.
Wir erheben keinen Anspruch auf unsere Gäste. Auch bei ihnen steht unser Hund im Zentrum der Aufmerksamkeit und bekommt sogar Geschenke mitgebracht. Man bekommt manchmal fast den Eindruck, die Gäste besuchen Herrn Hund und nicht die Zweibeiner. Selbstverständlich stehen die vierbeinigen Hausherren entsprechend ganz vorne an der Tür beim Begrüßungsritual.
Aus wesentlichen Dingen halten wir uns heraus: Jagen, Wachen, Schützen, Artgenossen treffen (Aufgaben der Priorität A). Wir schicken sogar (un/bewusst) unseren Hund vor.
Wir sind immer zu spät dran mit Lob und Tadel. Wir reagieren, statt zu agieren – wenn überhaupt! Von Überblick kann keine Rede sein und so weiter und so fort. Ich könnte diese Aufzählung endlos fortsetzen.
Was versteht also Herr Hund? Er muss doch wohl der Wichtigste sein, bei so viel Fürsorge und Aufmerksamkeit. Wie war das gleich? Die Alphatiere waren die wichtigsten und die wichtigsten sind im Umkehrschluss die Alphatiere!

So viel scheinbares Unvermögen seitens seiner Menschen veranlasst jeden Hund irgendwann dazu, die Alphaposition einzunehmen. Denn wenn wir es nicht tun, bleibt ihm nichts anderes übrig, ob er will oder nicht. Selbst wenn er viel zu jung und völlig überfordert ist mit der Situation, jeder noch so ungeeignete Hund kann besser hundisch führen als wir unwissenden Menschen. Bei so viel Bestätigung kann es gar nicht anders sein! Wahrscheinlich schlägt unser Hund innerlich die Pfoten überm Kopf zusammen, dass sein neues Menschenrudel eine solche Katastrophe ist.
Im Grunde drängen wir unserem Hund die Führung auf diese Weise förmlich auf. Wir zeigen ihm schließlich den ganzen Tag über, dass er der Größte und Wichtigste ist. Die eine Stunde Gehorsamstraining in der Woche auf dem Hundeplatz ist da nur ein Tropfen auf dem heißen Stein und fällt nicht weiter ins Gewicht, zumal wir im Training auch oft genug zum Leckerchen-Spender werden. Wir sollten uns also nicht wundern, wenn unser Hund irgendwann die Alpharolle ausfüllt.
Irgendwo zwischen dieser unstrukturierten Katastrophe und dem vorne beschriebenen Idealbild befinden wir uns alle mit unseren Hunden. Wie steht es bei Ihnen?

Kurz und Knackig – Welt der Menschen

1. Menschen und Hunde müssen in unserer Welt lernen, Reize zu ignorieren.
2. Liebevolle Führung ist geprägt durch Vertrauen, Verlässlichkeit und Sicherheit.
3. Grundgehorsam ist eine Frage von sozialer Positionierung und kann abgerufen werden.
4. Hunde checken Ihr menschliches Gegenüber und beurteilen dessen Rang.
5. Hält der Hund sich für höherrangig, wird sein Verhalten zur Glückssache.
6. Hält der Hund Sie für höherrangig, verhält er sich respektvoll und gehorsam.
7. Hunde sind immer eine Familienangelegenheit.
8. Erwachsene Hunde sind unseren Kindern gegenüber instinktiv erziehungsberechtigt.
9. Freundliches Menschenverhalten erscheint für Hunde oft niederrangig.
10. Entweder formen Sie Ihr Umfeld oder Ihr Umfeld formt Sie.

Ihr persönliches Rudel

Nun zu Ihnen ganz konkret. Wie verhält es sich mit Ihrem persönlichen Rudel? Sind die Alphapositionen richtig besetzt? Sind sich alle einig oder ist Ihr Hund anderer Meinung?
Machen wir zwei Schritte. Zunächst erstellen wir das ganz persönliche Organigramm Ihrer Lebensgemeinschaft:

Ihr persönliches Organigramm

Aufgabe:
Überlegen Sie sich, wer für Ihren Hund zum Rudel gehört. Versuchen Sie nun, die zugehörigen Personen so in das Schaubild einzusortieren, wie es aus der Sicht Ihres Hundes optimal wäre.

RUDELSTRUKTUR

Gelingt es Ihnen? Welche Fragen entstehen bei der Positionierung? Wenn Ihr Hund auf einer Alphaposition gelandet ist, überprüfen Sie, ob sich ein Fehler eingeschlichen hat. Gibt es tatsächlich kein erwachsenes Familienmitglied gleichen Geschlechts, das an diese Position gehört?

Sind Sie unsicher, ob Sie alles richtig gemacht haben? Lassen Sie uns gemeinsam Schritt für Schritt überlegen:

1. Wer gehört zum Rudel?

2. Wer davon ist noch nicht geschlechtsreif und gehört damit zu den Welpen?

3. Alle übrigen Rudelmitglieder sind aus Hundesicht erwachsen. Wer von ihnen gehört auf die weibliche Seite, wer auf die männliche?

4. Wer von den weiblichen Mitgliedern sollte die Alpha-Hündinnen-Position übernehmen? Wenn es eine Hausherrin oder eine Mutter gibt, dann diese. Alle anderen weiblichen Rudelmitglieder ordnen sich der Reihe nach darunter ein. Das Durchsetzungsvermögen oder die Selbstsicherheit könnten dabei ein Anhaltspunkt sein. Die Hündin steht an letzter Stelle.

5. Nun zur männlichen Seite. Wer sollte die Alpharüden-Position übernehmen? Gibt es einen Hausherrn oder Familienvater, dann dieser. Die übrigen männlichen, erwachsenen Rudelmitglieder werden der Reihe nach darunter eingeordnet. Das Alter kann dabei ein Anhaltspunkt sein. Gibt es einen Rüden, steht der an letzter Stelle der männlichen Seite.

6. Überprüfen Sie nun das Alphapaar. Im Idealfall ist es tatsächlich ein Paar, wie Vater und Mutter oder ein kinderloses Liebespaar. Für eine Familie mit alleinerziehendem Elternteil und erwachsenen Kindern sieht es vielleicht anders aus. Der alleinerziehende Vater mit 19jähriger Tochter als ranghöchstes weibliches Rudelmitglied kann den Hund als Alphapaar vielleicht nicht überzeugen, weil es sich beim Führungspaar um eine Vater-Tochter und nicht um eine Paarbeziehung handelt. Hier ist es sinnvoll, etwas genauer hinzuschauen, wie der Hund die Situation bisher beurteilt hat. Auch das Geschlecht des Hundes spielt hier eine wichtige Rolle. Haben Sie eine gleichgeschlechtliche Lebensgemeinschaft, können Sie sich zwei Alphahündinnen oder zwei Alpharüden eintragen. Hunde kommen meist problemlos damit zurecht.

Wir Menschen leben heute in allen erdenklichen Lebens- oder Wohngemeinschaften. Nicht alle lassen sich ohne Weiteres auf unser Modell übertragen. Trotzdem gibt es immer Wege, sich selbst seinem Hund gegenüber sinnvoll zu positionieren und so für Sicherheit zu sorgen. In manchen Fällen kann es ratsam sein, die Lebensgemeinschaft vorerst in den Hintergrund zu stellen und sich nur auf die einzelne Mensch-Hund-Beziehung zu konzentrieren. Das gilt auch, wenn Sie zwar ideale Familienstrukturen haben, die anderen Zweibeiner aber nicht mitarbeiten wollen.
Ist es zu schwierig? Machen Sie es nicht kompliziert. Gestalten Sie Ihr Modell so, als bestünde Ihr Rudel nur aus den Mitgliedern, die sich einfach einsortieren lassen, und konzentrieren Sie sich auf die Alphapositionen. Überlegen Sie nicht zu lange, ob Ihr Hund die Haushaltshilfe zum Rudel zählt oder eher als Gast einstuft. Hunde sind oft flexibler als wir erwarten. Haben Sie mehrere Hunde, gehören alle dazu. Haben sie andere tierische Rudelmitglieder, wie eine Katze oder einen Papagei, lassen Sie diese außen vor. Allerdings sollten Sie immer auch den anderen Tieren gegenüber weisungsbefugt sein und auch ihnen notfalls Grenzen setzen können. Sie wissen ja nun, dass Sie ohnehin alles regeln können, wenn Sie die Alphaposition ausfüllen.
Haben Sie alles richtig gemacht, dann halten Sie nun Ihr ideales Organigramm für Ihr eigenes Rudel in den Händen. Ein wichtiger Schritt, der Sie Ihrem Ziel von mehr Harmonie mit Ihrem Hund entscheidend näher bringt.

Tipp:
Hängen Sie Ihr fertiges Modell an den Kühlschrank, damit es immer für alle präsent bleibt.

Machen Sie den Test

Nun wissen Sie, wie es sein sollte. Fragen wir Ihren Hund, ob er das auch so sieht. Vielleicht ist Ihnen längst klar, dass Sie noch etwas Überzeugungsarbeit werden leisten müssen. Wollen Sie es genau wissen? Dann machen Sie den Test:

	Ihr Hund ...	Ja	Nein
01	...muss öfter zu Hause bleiben, weil er sich schlecht benimmt oder anstrengend ist.	X	
02	...kann schlecht warten, bellt, stupst, winselt oder kratzt an Türen oder Hosenbeinen.		X
03	...bleibt ungern alleine zu Hause, winselt, bellt oder zerstört etwas.		X
04	...zieht an der Leine, läuft hektisch vor oder hin und her.	X	
05	...wird selten abgeleint, weil er schlecht hört.	X	
06	...kommt auf Zuruf nur, wenn er Lust hat oder erst beim wiederholten Mal.	X	
07	...wird eifersüchtig, wenn Sie andere Hunde streicheln oder Leckerchen und Spielzeug dabei haben.	X	
08	...will andere Hunde dominieren oder kontrollieren.	X	
09	...pöbelt angeleint andere Hunde, Jogger oder Fahrradfahrer an.	X	
10	...pöbelt im Garten Passanten an und lässt sich schlecht abrufen.	X	
11	...bellt oder kratzt an der Terrassentür, wenn er in den Garten will oder auch wieder hinein.		X

	Ihr Hund ...	Ja	Nein
12	…leidet, wenn eine Hündin in der Nachbarschaft läufig ist (Rüde).	X	
13	…wird regelmäßig scheinträchtig und baut Nester (Hündin).		X
14	…rempelt, drängelt vor oder rammt die Nase zur Begrüßung in den Schritt.	X	
15	…liegt häufig im Weg, so dass Sie über ihn steigen oder um ihn herum laufen müssen.	X	
16	…liegt häufig vor der Haustür, im zentralen Flur oder in der Mitte des Raumes.	X	
17	…ist beim Klingeln als erster an der Tür, schlägt an oder springt hoch.	X	
18	…bellt und knurrt Gäste an, baut sich vor ihnen auf oder stellt sich vor ihnen quer.	X	
19	…fordert Futter, Streicheleinheiten oder Spiel.	X	
20	…bettelt am Tisch oder stibitzt sich hin und wieder Ihr Essen.		X
21	…liegt unterm Tisch, wenn Sie essen.	X	
22	…liegt unterm Stuhl, auf dem sie sitzen und neigt zu Attacken aus dieser Position.		X
23	…sucht selten Blickkontakt.		X
24	…entschuldigt sich nie (Beschwichtigung).		X
25	…ist selten entspannt, oft ruhelos, aufgeregt oder ängstlich.	X	X

	Ihr Hund ...	Ja	Nein
26	...springt selbstverständlich auf Sessel, Sofas oder Betten.		X
27	...knurrt Sie hin und wieder an oder schnappt.	X	
28	...drängt sich dazwischen oder bellt, wenn Sie mit Ihrem Partner intim sind.		X

Test-Auflösung

0-5 x JA: Sie machen vieles gut, Ihr Hund nimmt Sie ernst. Herzlichen Glückwunsch!

6-14 x JA: Sie haben schon Einiges erreicht. Stärken Sie Ihre Position, indem Sie dran bleiben. Weiter so!

15-22 x JA: Es wird Zeit, sich intensiver mit Ihrem Hund zu befassen, bevor es schwieriger wird. Werden Sie sich Ihrer Situation bewusst und fangen Sie an zu führen. Auf geht's!

23-28 x JA: Ihr Hund hat Sie voll im Griff! Vermutlich meiden Sie viele Situationen. Bevor Sie sich und Ihren Hund noch weiter einschränken, werden Sie aktiv. Oft ist es einfacher, als man erwartet. Sie können auch einen geeigneten Trainer aufsuchen, der Ihnen hilft, ein guter Rudelführer zu werden.

Das ist nun das Ergebnis Ihrer Selbstwahrnehmung. Wir betrachten unseren eigenen Hund durch die Augen der Liebe, und die macht bekanntlich blind. Durch unsere große Nähe entschuldigen wir viele Angewohnheiten unseres Hundes, verdrängen, beschönigen oder deuten sie falsch. Manchmal sind wir aber auch viel zu kritisch mit uns selbst und unserem Hund.

Aufgabe:
Deshalb bitten Sie nun einen guten Bekannten, Freund, Nachbarn oder ein Familienmitglied, den Test für Sie auszufüllen. Die Fremdwahrnehmung ist oft eine andere und kann eine große Hilfe sein.

Das Punktekonto

Gehören Sie zu den Menschen, die von Anfang an alles richtig machen wollten? Haben Sie sich vor der Anschaffung eines Hundes ausführlich informiert, mit der Rasse beschäftigt, mit Fachleuten besprochen und sich viel Zeit bei der Auswahl gelassen? Waren Sie von Anfang an in der Hundeschule wie Welpengruppe, Junghundegruppe, Hundeführerscheinkurs? Haben Sie viel Zeit, Energie und Geld investiert, um zu lernen und Idealbedingungen zu schaffen? Und trotz allem schleichen sich Zweifel ein, dass Ihr Hund Sie voll und ganz als Rudelführer akzeptiert? Sie wissen nicht wirklich, wie das zustande kommt?

Vielleicht wird es deutlich durch dieses anschauliche Bild: Stellen Sie sich eine Tabelle im Kopf Ihres Hundes vor. Jedes Rudelmitglied hat dort eine feste Spalte. Temporäre Spalten kommen dazu, wenn er auf Artgenossen oder andere Menschen trifft.

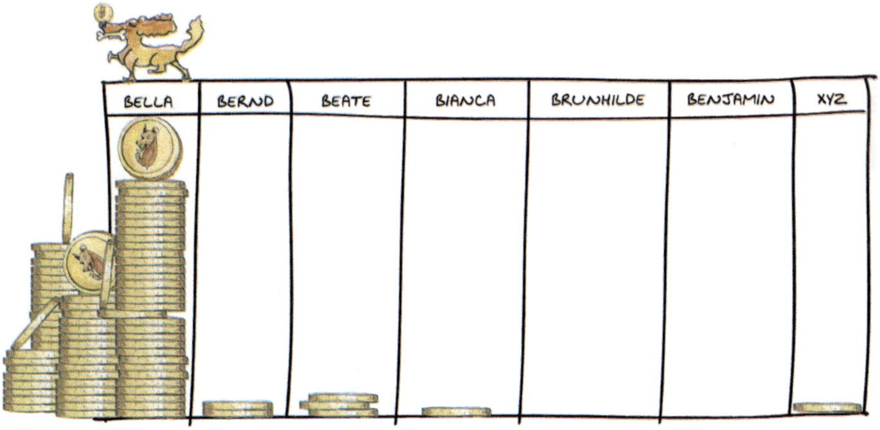

Hunde sind in ständigem Kontakt mit ihrem Umfeld. Sie checken uns den ganzen Tag und führen sozusagen Buch über uns! Für jedes hundisch wichtige Verhalten erhält das entsprechende Rudelmitglied einen Punkt in seiner Spalte gutgeschrieben. Wer die meisten Punkte gutgeschrieben hat, scheint am besten führen zu können und damit hat er den Job, ob er will oder nicht. So könnte es aussehen:

Beispiel:
Es ist Spaziergeh-Zeit, unsere Hündin läuft freudig zur Tür (Punkt für Bella). Dort kann sie nicht warten, fängt an zu bellen. Wir denken, sie muss dringend oder freut sich (für jedes fordernde Bellen ein Punkt für Bella, etwa 8 Punkte). Die Hündin rennt von einem zum anderen, springt alle an (für jede Berührung zwei Punkte für Bella, Anspringen zählt doppelt, macht etwa 18 Punkte). Endlich haben wir Schuhe und Jacke an, Kackibeutel, Leckerchen und Leine – wir haben ja auch etwas gelernt in der Hundeschule! Jetzt kommt unser Kommando „Sitz" zum Anleinen. Bella folgt widerwillig erst auf die dritte Wiederholung, denn sie freut sich ja so (ein Punkt für uns, zwei für Bella). Sie weiß ja, was kommt, also steht sie von sich aus auf (Minuspunkt für uns) und versucht, sich durch die Haustür zu drängeln. Der Trainer hat gesagt: „Der Chef geht als Erster durch die Tür!" Wir springen schnell vor Bella und schaffen es tatsächlich, vor ihr draußen zu sein (Mogelpunkt für uns). Jetzt noch die Tür abschließen. Währenddessen checkt Bella mit strammer Leine die Straße (1 Punkt pro Sekunde fürs respektlose Ziehen plus mind. 4 Punkte fürs Sichern), als der Nachbarsrüde Sam auftaucht. Große Freude bei Bella mit Springen, Vorlaufen und an der Leine Ziehen (viele Punkte für Bella). „Toll dass Ihr kommt! Lasst uns zusammen spazierengehen, die beiden spielen immer so schön!" Schnell noch den Hund ausgeklinkt, damit die beiden Spaß haben können und wir sind abgeschrieben. Ab jetzt punktet Bella nur noch, denn sie trifft ihre Spielentscheidungen komplett ohne uns. Man kann sie sich selbst überlassen, schließlich kennen sich die beiden von klein auf und regeln das schon unter sich…

Eine ganz alltägliche Situation. So oder ähnlich sieht es bei vielen Hundehaltern aus. Haben Sie mitgezählt? Bella hat ganz locker, bevor der Spaziergang überhaupt richtig losging, bereits 30-50 Punkte gemacht. Wir dagegen haben es mühsam auf einen halbherzigen Punkt gebracht.

Wer nun die Punktetabelle so eindeutig anführt, der muss ja wohl der Chef sein, zumindest wird Bella diesen Spaziergang wie selbstverständlich anführen, denn diesen Auftrag hat sie klar in der Tasche, das Punktekonto ist der Nachweis.

Sie ahnen es schon, es geht darum, Ihr Punktekonto aufzufüllen! So können Sie Ihrem Hund beweisen, dass Sie sehr wohl dafür geeignet sind, Ihr Rudel zu führen und sich nicht nur das Vertrauen in Ihre Person, sondern auch in Ihre Position als Alphatier erarbeiten. Sie meinen, Sie schaffen es nie, das Punktekonto anzuführen? Keine Sorge, sie brauchen nicht mehr Punkte als Ihr Hund sie hat, das würde ich auch nicht schaffen. Sie brauchen lediglich so viele Punkte, dass Sie wichtig werden. Das ist ein erreichbares Ziel und Ihr Hund zeigt Ihnen, wann es soweit ist, indem er Sie ernst nimmt.

Werden Sie kritischer: In der Regel werden wir erst wach, wenn unser Hund Entscheidungen trifft, mit denen wir nicht einverstanden sind. Wäre an Sams Stelle Zicki um die Ecke gekommen, Bellas Erzfeindin von nebenan, wären wir auf der Hut gewesen. Spätestens bei Bellas Attacke hätten wir ihr Grenzen gesetzt. Solange unser Hund uns nicht direkt verärgert, indem er etwa gefährlich an der Leine pöbelt, denken wir, es sei alles gut. Trotzdem hat Bella selbst entschieden, mit Sam zu spielen und uns zum folgsamen Handlanger degradiert: „Mach mich los, aber flott!“. Das füllt Bellas Punktkonto genauso wie eine Attacke gegen Zicki.

Und da beißt sich der Hund schon in den Schwanz:

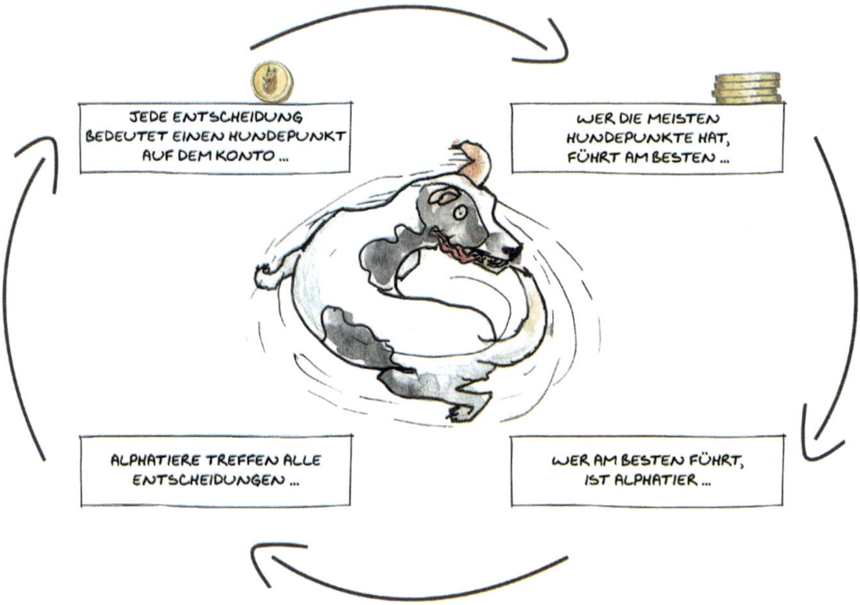

Ihr Hund hat den ganzen Tag Gelegenheit zum Entscheiden, die meisten Entscheidungen davon tun uns nicht weh, deshalb bemerken wir sie gar nicht. Wenn Sie nur auf die wenigen, die Ihnen nicht gefallen, reagieren, fällt das für Ihren Hund kaum ins Gewicht. Lassen Sie Ihren Hund also alle Entscheidungen treffen, mit denen Sie einverstanden sind, geraten Sie zwangsläufig in einen Teufelskreis, aus dem ein Aussteigen fast unmöglich wird, denn Sie treten Ihre Weisungsbefugnis ab. Das Rudel entgleitet Ihrer Kontrolle und wird zur Glückssache.
Auch wenn sich Ihr Spaziergang zu Hause etwas ruhiger anlässt als in Bellas Beispiel, gibt es für Ihren Hund sicherlich viele Gelegenheiten, um sein Punktekonto aufzufüllen. Jeder Hund drückt sein Führungsverhalten individuell, seinen Stärken entsprechend, aus.

Ist Ihr Hund ein guter Wächter, wird er wachen, schützen und vertreiben. Ist ihr Hund ein guter Krieger, wird er die Vorhut übernehmen, fremdes Gelände sichern, Sie beanspruchen und schützen, wenn es sein muss auch gegen Menschen. Ist Ihr Hund ein guter Jäger, wird er bei jeder Gelegenheit verschwinden und Fährten oder Beute verfolgen. Ist Ihr Hund ein guter Liebhaber, wird er Sie oder Ihren Partner beanspruchen und völlig vereinnahmen. So unterschiedlich, wie unsere Hunde sind, so vielfältig drückt sich ihr Führungsverhalten aus. Ich staune immer wieder aufs Neue über noch nicht dagewesene Ideen. Wie sind die Talente Ihres Hundes?

Es ist im Sinne unserer Hunde, den Teufelskreis zu unterbrechen, denn selbst für ein souveränes und erfahrenes Alphatier wäre es schier unmöglich, ein Menschenrudel erfolgreich zu führen. Trotz allen scheinbaren Unvermögens verlassen wir Menschen das Haus, wann wir wollen, öffnen den Kühlschrank, wann es uns passt, mischen uns immer wieder im ungünstigsten Moment ein, vorzugsweise wenn der Erzfeind vermöbelt werden muss. Der führende Hund wird immer mit Misserfolgen konfrontiert sein. Bei seinen Versuchen, für Ordnung zu sorgen, werden wir immer häufiger mit seinem Verhalten nicht einverstanden sein. All jene Hunde, die mit führungsuntauglichen Anlagen ausgestattet sind, und diejenigen, die ohnehin zu jung sind für eine solche Verantwortung, werden aus ihrer Überforderung heraus versuchen, die Dinge irgendwie zu regeln. Viele dieser Entscheidungen werden uns nicht gefallen. Solche Hunde versuchen häufig, sich ihre Welt so einfach wie möglich zu halten, indem sie sich zurückziehen oder auch alles vertreiben, was sie verunsichert. Daraus entsteht häufig auffälliges Verhalten, wie eine offensive Haltung gegen Artgenossen und/oder Menschen, gegenüber Dritten oder der eigenen Familie.

Werden die Hunde mit der Zeit souveräner, kommt zu diesem auffälligen Verhalten gepaart mit unsicherer Energie irgendwann die souveräne Energie eines gestandenen Hundes. Es wird immer schwieriger, die angewöhnten Verhaltensmuster zu unterbrechen. Natürlich machen unsere führenden Hunde oft auch negative Erfahrungen mit Artgenossen, beispielsweise wenn sie es mit einem überlegenen Gegner aufnehmen. Das Gegenüber ist meist selbst der Überzeugung, dass es sein Rudel führen und schützen muss. Schnell kommt es zu gefährlichen Auseinandersetzungen oder Kämpfen. Es ist leicht verständlich, wenn Hunde sich daraufhin zurückzuziehen und ihr Herz verschließen. Sie werden einsam, unglücklich und depressiv.
Eine ständige Überforderung kann durch mangelnde Kompensation zu Zerstörungswut führen, auch zu zwanghaftem Verhalten wie Kreiseln, Schwanzbeißen oder Kläffen.
Viele Hunde sind ständig gestresst und können entsprechende Krankheiten wie Herzbeschwerden, neurologische Krankheiten oder Krebs entwickeln.

All das können Sie durch eine gute Rudelführung und ein gut gefülltes Punktekonto vermeiden.

Aufgabe:

Überprüfen Sie Ihr Leben mit Hund aus der neuen Perspektive. Versuchen Sie herauszufinden, wo Ihr Hund seine persönlichen Schwerpunkte hat bzw. wie sich sein Führungsverhalten ausdrückt. Dann überprüfen Sie auch Ihr eigenes Verhalten nach folgenden Gesichtspunkten (nehmen Sie das Punktemodell zu Hilfe).

Rudelführung

ist das Zentrum der Aufmerksamkeit
genießt Respekt
hat immer Vorrecht
ist immer einen Schritt voraus
trifft alle Entscheidungen
agiert und reagiert
platziert sich bewusst
beansprucht Raum, Recht und Pflicht

Kopieren, ausschneiden und an den Kühlschrank hängen!

Aufgabe:

Auch fremde Rudel eignen sich hervorragend zum Beobachten. Versuchen Sie aus der neuen Perspektive heraus zu beurteilen, wer von beiden tatsächlich führt, Hund oder Halter. Es ist so viel einfacher, Fehler bei anderen zu sehen als bei sich selbst. Wenn Ihr Verhältnis zu Ihrem Nachbarn gut bleiben soll, behalten Sie Ihre Erkenntnisse aber lieber für sich. Übung macht den Meister – auch als Hundeversteher, viel Spaß dabei!

Werden Sie zum Rudelführer

Nun verstehen Sie die Lage und wissen, dass Sie einiges an Ihrer Situation verbessern können. Ihr Hund ist nicht, wie er ist. Sein Verhalten ist weniger Ausdruck seines Wesens als Ausführung eines Jobs. Als Alphatier hat Ihr Hund gar keine Zeit mehr für persönliche Dinge.
Das Hundeverhalten passt sich Ihrem eigenen Verhalten an, vor allem Ihren Unterlassungen.

Praxis:
Mutter und Tochter einer Familie stellten mir ihren strubbeligen Mischlingsrüden vor, der seit geraumer Zeit das Familienleben auf die Probe stellte. Stundenlang tat er laut wimmernd seinen Unmut über die Gäste der Familie kund, so dass man kaum sein eigenes Wort verstand. Die fünfköpfige Familie mit jugendlichen Kindern hatte häufig Gäste. Die Leinenführung erinnerte mehr an einen zielstrebigen Schlittenhund als an einen geliebten Hundeherrn gesetzteren Alters. Die Familie hatte gehofft, dass ihr Hund mit dem Alter etwas ruhiger werden würde, doch weit gefehlt. Der inzwischen zehnjährige Herr sprang neuerdings auch noch über den Gartenzaun, um unliebsame Nachbarn stramm stehen zu lassen. Den Frauen zeigte ich, wie Sie sich beim Spazierengehen ranghoch verhalten und dabei ihr Punktekonto mit System füllen konnten. Der Hund reagierte gleich auf das plötzlich veränderte Verhalten seiner weiblichen Rudelmitglieder und passte sich problemlos an. Die Kunden staunten nicht schlecht, wie schnell ihr Sorgenkind sich an der lockeren Leine führen ließ.
Beim darauffolgenden Hausbesuch stellten wir die alltäglichen Abläufe und Regeln so ein, dass die Menschen ganz nebenbei ihr Punktekonto füllten und nicht wie bisher das von Herrn Hund.
Der Familienvater stand der ganzen Sache ursprünglich kritisch gegenüber, denn „ein so alter Hund lernt doch nichts mehr!", so seine Überzeugung. Mit der Sichtung von Haus und Garten wurde klar, wo überall der Hund die Führung übernahm. Der Hausherr fragte: „Wir sollen also schuld sein am unmöglichen Verhalten unseres Hundes?" Glücklicherweise antwortete gleich seine Frau aus tiefster Überzeugung: „Ja, wer denn sonst?" Das war eine bittere Lektion! Ich erklärte dem wenig begeisterten Mann, der sich bisher aus der Hundeerziehung relativ rausgehalten hatte, dass er als Alpharüde die Schlüsselrolle in dem Rudel innehatte, da er seinem männlichen Hund gegenüber der direkte Vorgesetzte sein sollte. Durch seine Unterlassung wurde jede Handlung des Rüden in hundisch

wichtigen Situationen ein Beweis für dessen vermeintliche Alpharolle. Von nun an war also der Chef selbst zuständig und dieser sorgte sich, was auf ihn zukam. Nach knapp zwei Stunden Hausbesuch mit vielen Erklärungen, einigen Schuppen, die von den Augen fielen und ein paar praktischen Veränderungen der Abläufe und Platzierungen, kam wie zum Beweis zufällig ein Nachbar dazu.
Bis dato kündigte der Rüde diesen immer weit im Voraus mit Gebell an, begrüßte ihn als Erster schon am Zaun freudig bis wild und den Rest des Aufenthalts untermalte er musikalisch mit Widerstands-Gejammer. Nichts davon dieses Mal! Der Hund stand nun seit weniger als einer Stunde unter dem Kommando des Hausherren. Auch im Augenblick als der Nachbar eintraf, war der Rüde sinnvoll platziert (nicht auf Wachposten im Vorgarten, sondern neben seinem Chef auf der vom Zaun abgewandten Seite). Und siehe da, er wartete entspannt und geduldig ab, wie die Rudelführung mit dieser Situation umgehen würde und ob für ihn dabei ein Auftrag abfiele. Sowohl die Familie als auch der Gast waren mehr als erstaunt über diesen schnellen Erfolg, zogen sogar in Erwägung, ob er wohl eingeschlafen sein könnte, aber der Hund war wach und friedlich. So einfach sollte es sein?
Der Berg Arbeit und Fleiß, der vor dem geistigen Auge des Familienvaters entstanden war, wich nun der Zuversicht, dass mit dem Wissen über Instinkte und natürliche Verhaltensweisen des Hundes das Ziel doch erreichbar sein könnte, auch im Alter von zehn Jahren. Viel Erfolg weiterhin!

Wie Puzzleteile, so genau stimmen unser Verhalten und das unseres Hundes überein. Hunde sind wie Wasser, fließen um uns herum und füllen all unsere Lücken auf. Sobald wir zurückweichen, rutschen sie nach, aber sobald wir Raum einnehmen und Aufgaben und Rechte beanspruchen (wie hier, das Recht über den Gast zu entscheiden), weichen sie auch zurück. Richtig, das bedeutet Verantwortung, der wir uns nicht länger entziehen sollten. Und auf der anderen Seite bedeutet es, dass Sie die Möglichkeit haben, das Verhalten Ihres Hundes über Ihr eigenes Verhalten zu verändern. Und das jederzeit, unabhängig vom Alter des Hundes oder seiner Intelligenz und Lernfähigkeit, denn Sie müssen nur das instinktiv verankerte untergeordnete Verhaltensspektrum Ihres Hundes abrufen. Sie haben es selbst in der Hand!

Bisher haben Sie Wichtiges über Instinkte und natürliche Verhaltensweisen der Hunde gelernt und dann auf die Hund-Mensch-Situation übertragen. Außerdem haben Sie eine Vielzahl von Ansatzmöglichkeiten ausprobiert, um Ihre ganz persönliche Situation mit Ihrem Hund zu beurteilen. Mit diesem Wissen ausgestattet, haben Sie alle Fähigkeiten, um Hunde zu verstehen. Das ist der nächste Schritt auf Ihrem Weg zu mehr Harmonie mit Ihrem Hund. **Sie sind Hundeversteher!**

Wenn Sie sich nun daran machen, Ihr Punktekonto aufzufüllen, indem Sie das eine oder andere an Ihrem gewohnten Verhalten verändern, dann begeben Sie sich auf den Weg zum Rudelführer. Bitte seien Sie sich dabei folgender Situation bewusst: Wenn Ihr Hund sich Ihnen vorgesetzt erlebt, hält er sich Ihnen gegenüber für weisungsbefugt, auch wenn er bisher noch nie offensiv oder aggressiv Ihnen gegenüber war. Bisher haben Sie ja wahrscheinlich in seinem Sinne funktioniert. Wenn Sie jetzt anfangen, sich ranghoch zu verhalten, Abläufe zu ändern, Ansprüche zu stellen, Grenzen zu setzen, dann müssen Sie mit Widerständen rechnen, durchaus auch mit dem Einsatz seiner Zähne. Für den Hund sieht es so aus, als fingen Sie an, seine Position zu überprüfen. Sein Instinkt sagt ihm, er hätte das Recht, seinen Rang Ihnen gegenüber zu verteidigen, wie im Kapitel Dominanztrieb beschrieben. Wenn Sie sich dabei unsicher sind, Fragen haben oder überfordert fühlen, holen Sie sich Unterstützung durch eine geeignete Trainerin oder einen passenden Trainer.

Der nächste Teil dieser Ratgeberreihe „Werden Sie zum Rudelführer – Wie Sie Ihr Leben zurückerobern" ist voll mit praktischen Anleitungen für Ihr Punktekonto. Wenn Sie sofort starten möchten, finden Sie auf den nächsten Seiten eine erste praktische Übung, mit der jeder meiner Kunden das Training beginnt:

Der rote Teppich

Bevor Sie für ein Rudel sorgen können, müssen Sie mindestens überzeugend für sich selbst sorgen. Wer sich im Alltag von seinem Hund benutzen und dominieren lässt, wird schon gar nicht in wichtigen Situationen gute Entscheidungen für das Rudel treffen können. Zeigen Sie Ihrem Hund, dass Sie über sich selbst entscheiden und sich nicht von ihm beanspruchen lassen. Erobern Sie Ihr Selbstbestimmungsrecht zurück, indem Sie Ihren persönlichen Raum selbst beanspruchen:

Sorgen Sie für eine Atmosphäre, in der Ihr Hund in Bewegung ist, nicht zu viel Aufregung, aber auch nicht zu wenig. Für Sie nicht zu viel Ablenkung, denn Sie sollen sich nun selbst beobachten. Je nach Hund und Energiepegel brauchen Sie einen Garten, eine Spielwiese, vielleicht sogar einen anderen Hund, mit dem er sich versteht. Bewegt Ihr Hund sich ausreichend in der Wohnung, geht es selbstverständlich auch dort. Lassen Sie Ihren Hund sich frei bewegen, ohne Leine und ohne Spielaufforderung oder andere Kommandos. Sein Verhalten soll frei von Ihren Ansagen sein.

Aufgabe:

Teil 1: Stellen Sie sich eine runde Scheibe vor mit dem Durchmesser von etwa 50 cm. Die Scheibe ist rot und liegt auf dem Boden direkt vor Ihnen. Ihre Füße stehen am Rand Ihres roten Teppichs

Beobachten Sie, wie oft Ihr Hund selbstverständlich über Ihren roten Teppich läuft. Vielleicht bleibt er dort quer vor Ihnen stehen oder liegen und drückt sich sogar an Ihre Beine, vielleicht läuft er frontal auf Sie zu oder springt an Ihnen hoch. Wenn er das tut, beansprucht er Sie und ist respektlos. Sein Punktekonto füllt sich reichlich.

Wären Sie ein ranghoher Hund, würde das nicht passieren. Oder es würde aus dem Dominanztrieb heraus als Provokation gelten und instinktiv deutliche Reaktionen bei Ihnen hervorrufen. Bisher haben Sie vermutlich diese Position Ihres Hundes ignoriert

oder gar bestätigt und Ihrem Hund so unbewusst gezeigt, dass er über Sie bestimmen darf, dass Sie sich ihm unterordnen. Ihr Hund nimmt Sie erst ernst, wenn Ihre Reaktion auf seine respektlose Aktion deutlich genug ausfällt: Lassen Sie sich nicht beanspruchen! Erobern Sie Ihren roten Teppich zurück!
Fangen Sie also an, Ihren persönlichen Raum selbst zu füllen und ihn nicht von Ihrem Hund füllen zu lassen.

Aufgabe:
Teil 2: Ist Ihr Hund im Begriff, Ihren roten Teppich zu betreten, stellen Sie sich vorher selbst darauf, indem Sie einen Schritt vorwärts treten und stehen bleiben (keinesfalls wieder zurückgehen). Das muss nicht wütend oder herausfordernd sein, ganz selbstverständlich aber konsequent.
Achten Sie auf einen festen, aufrechten Stand, das Gewicht gleichmäßig auf beide Füße verteilt und fest im Boden verwurzelt. Ihre Energie sollte dabei ruhig und bestimmt sein. Haben Sie eine innere Klarheit und denken oder sagen Sie: „Das ist mein Raum!“. Fühlen Sie das Recht auf Ihren Raum und seien Sie überzeugt davon!

Sie waren zu langsam? Kein Problem, schieben Sie Ihren Hund einfach runter vom Teppich und stellen sich an seiner Stelle darauf. Sie haben schon bald die nächste Gelegenheit Timing und Geschwindigkeit zu üben.
Jedes Mal, wenn Sie durch den Schritt nach vorne Ihren Raum selbst für sich beanspruchen, rutscht der rote Teppich mit und liegt im nächsten Augenblick wieder vor Ihnen. Ihr Hund ist schnell, in der nächsten Sekunde kann er schon wieder versuchen, ihn zu betreten. Seien Sie wach und schneller!
Vermeiden Sie Kommandos wie „Aus“, „Pfui“, „Ab“ oder „Nein“, denn dann sind Sie bei Ihrem Hund. Für den Augenblick geht es um Sie, um Ihr Verhalten, nicht um das Ihres Hundes. Wenn Sie sich Ihr Verhalten bewusst machen und verändern, wird auch Ihr Hund sein Verhalten entsprechend verändern. Bringen Sie sich als Person ein, seien Sie präsent und füllen Sie selbst den Raum, den Sie zurückerobern. Sammeln Sie Punkte! Ein Verbot

des roten Teppichs für Ihren Hund, ohne dass Sie ihn selbst aus ganzem Herzen beanspruchen, wird nicht nachhaltig funktionieren. Hunde halten leere Räume nicht aus. Wichtige Räume müssen gefüllt werden. Wenn Sie es nicht tun, tut es ihr Hund. Wenn Sie die Übung albern finden, wird sie nicht funktionieren, weil Ihr Hund Sie dann nicht ernst nehmen wird.
Übrigens ist der wichtigste Teil des Hundes sein Kopf. Genau genommen darf sich nicht mal die Nase über den roten Teppich schieben. Haben Sie eine Deutsche Dogge, wird es von alleine deutlich, das gleiche gilt jedoch für einen kleinen Terrier, oft stehen die sogar auf unseren Füßen, was noch besitzergreifender ist.

Achten Sie darauf, wie Ihr Hund mit der veränderten Situation umgeht. Vielleicht wird er anfänglich gegen Sie laufen oder Sie verwundert anschauen, weil Sie etwas anders machen als bisher. Machen Sie einfach weiter! Es kann sein, dass Ihr Hund jetzt vermehrt auf Ihren roten Teppich geht, um zu prüfen, ob es Ihnen ernst ist oder ob es nur ein Versehen war. Bleiben Sie unbedingt dran! Im Idealfall wird Ihr Hund nach ein paar Minuten anfangen, Ihren roten Teppich zu meiden. Entweder läuft er mit etwas Abstand an Ihnen vorbei, dann zeigt er Ihnen, dass er Sie ernst nimmt, indem er Ihnen Ihren persönlichen Raum zugesteht. Oder läuft er gar schon hinten um Sie herum? Das ist respektvolles Verhalten, das Verhalten eines untergeordneten Hundes. Ihr Hund hält Sie für ranghöher – zumindest in diesem Augenblick, herzlichen Glückwunsch!

Aufgabe:
Beobachten Sie Hunde unter Hunden. Stellen Sie sich vor jedem Hund einen roten Teppich vor. Achten Sie darauf, welche Rolle diese wichtigen Zonen im sozialen Miteinander spielen.

Hunde brauchen die Alternative im Verhalten nicht zu lernen, sie ist instinktiv verankert. Sie rufen nun dieses respektvolle Verhalten ab, indem Sie sich ranghoch verhalten. Bisher haben Sie Ihren persönlichen Raum, den roten Teppich, nicht beansprucht, also ist Ihr Hund achtlos darüber hinweg gelaufen. Mit jedem Betreten des roten Teppichs haben Sie sich von Ihrem Hund beanspruchen lassen und sich damit in der Rangfolge ziemlich nach unten gewirtschaftet. Nun erobern Sie Ihre Eigenverantwortung, Ihre Freiheit und Ihr Selbstbestimmungsrecht zurück. Gleichzeitig füllen Sie ganz leicht Ihr Punktekonto.
Sie ahnen sicher schon, dass diese kleine Übung gar keine Übung ist, sondern eine Grundregel für das Leben mit Hund. Es sind für Sie leicht verdiente Punkte mit großer Wirkung.

Tipp:

Machen Sie es sich zur Gewohnheit, Ihren roten Teppich hundefrei zu halten, vierundzwanzig Stunden rund um die Uhr.

Gewöhnen Sie sich an, Ihren Hund seitlich neben und hinter sich zu bestätigen. Dort sollte er gestreichelt und geschmust werden. Keine Sorge, immer dann wenn Sie etwas von Ihrem Hund möchten, sei es zum An- und Ableinen oder für Körperpflegemaßnahmen, dürfen Sie sich direkt vor Ihn stellen. Sie dürfen als Ranghöherer jederzeit auf den roten Teppich Ihres Hundes gehen. Der entscheidende Unterschied liegt darin, wer der Initiator ist!
Mit Welpen gelten andere Regeln! Sie dürfen auf Ihren roten Teppich, brauchen Ihre Nähe, Sicherheit und Körperkontakt. Sie sind der Muttersatz. Achten Sie auf die innere Haltung Ihres Hundes. Wenn er anfängt, Sie zu beanspruchen, verschaffen Sie sich Raum. Das kann schon mit vier Monaten notwendig sein, bei großen Rassen auch erst später. Spätestens mit der Geschlechtsreife seien Sie konsequent!
Reagiert Ihr Hund auf diese Übung mit Widerständen wie Verbellen, Knurren, Schnappen? Dann brauchen Sie dringend professionelle Unterstützung! Richtig ausgeführt grenzen Sie mit dieser Übung Ihren Hund nicht ein, sondern erobern sich lediglich Ihre eigene Freiheit zurück. Wenn Ihr Hund hier schon deutliche Widerstände zeigt, dann beherrscht er Sie entweder völlig oder es liegt eine gesundheitliche Störung vor. Bringen Sie sich nicht in Gefahr und holen Sie sich eine geeignete Trainerin/ einen geeigneten Trainer zu Hilfe!

Es kann sein, dass diese kleine, aber äußerst wichtige Veränderung bereits Ihre soziale Positionierung gegenüber Ihrem Hund so günstig beeinflusst, dass sie sich auch in anderen Lebensbereichen durch ein respektvolleres Verhalten Ihres Hundes ausdrückt. Beobachten Sie genau.

Praxis:

Eine ältere Dame kam zu mir ins Training mit einem niedlichen Hund, der viele kleine Baustellen hatte. Er bellte sie hin und wieder an, sprang an ihr hoch und forderte viel Aufmerksamkeit. Es gab Vieles zu verbessern, aber im Grunde hatten die beiden sich ganz gut arrangiert und kamen miteinander zurecht. Vor ein paar Tagen jedoch stolperte die Halterin über ihren Hund und fiel in ihrer Wohnung hin. Aus Angst vor einem weiteren Unfall bat mich die Kundin nun um Hilfe.

Ich erklärte ihr mein ganzheitliches Konzept und den ersten Schritt, den persönlichen Raum zurückzuerobern. Der kleine Terrier war flink und die Dame oft zu langsam. Ich hatte ein wenig Sorge, dass die Übung zu schwierig sein könnte, und fragte mich schon, wie die Alternativen aussehen könnten. Die Frau verstand aber die Wichtigkeit und schaffte es, ihre körperliche Einschränkung mit Weitsicht und Willensstärke auszugleichen. Wir verabschiedeten uns mit der Absprache, dass sie sich bei mir melden würde, wenn sie für das nächste Training bereit sei. Es vergingen drei Wochen ohne irgendein Lebenszeichen und ich fragte mich, ob ich die Dame mit diesem ungewohnten Ansatz überfordert hatte, schließlich hatte sie ihr Leben lang Hunde gehabt und war sehr erfahren. Da erreichte mich eine Nachricht von meiner Kundin. Sie bedankte sich sehr für die wertvolle Trainingsstunde. Der Grund, warum sie sich nicht früher gemeldet hatte, war, dass es nichts mehr zu korrigieren gab.

Nach zwei Tagen roten Teppich zurückerobern, war ihr Terrier nur noch gehorsam, aufmerksam, respektvoll und lieb. Er bellte sie nicht mehr an, sondern bat sie freundlich über Augenkontakt um ihre Zustimmung. Er sprang nicht mehr an ihr hoch und wartete respektvoll ab, bis sie entschied, den Spaziergang zu beginnen. Das Beste war, dass er nicht mehr dickfellig im Weg lag, sondern rechtzeitig an die Seite ging, wenn Frauchen sich näherte, so war die Unfallgefahr vom Tisch. Sogar die Nachbarn sprachen sie auf den völlig veränderten und nun viel entspannteren Hund an. Die eine wichtige Übung, sich nicht mehr beanspruchen zu lassen, hatte diese vielen Veränderungen zur Folge, weil ihr Hund sie von nun an ernst nahm und im Gehorsam stand.

Geeignete Hundeschule finden

Hundeschulen und Hundetrainer gibt es heute wie Sand am Meer. Trotzdem ist es manchmal schwierig, eine geeignete Unterstützung zu finden. Wählen Sie nicht die nächstbeste Hundeschule, sondern überlegen Sie sich zunächst genau, wie Ihr Trainingsziel aussieht und welche Voraussetzungen Ihre Trainerin/Ihr Trainer bieten sollte. Viele meiner Kunden haben eine jahrelange Odyssee durch etliche Hundeschulen hinter sich, ohne ihre eigenen Schwierigkeiten hinterher zufriedenstellend gelöst zu haben. Das frustriert natürlich. Es gibt viele tolle Hundeschulen, aber häufig passt das Angebot einfach nicht zur Situation.

Ein guter Grundgehorsam ist nicht von einem regelmäßigen Training abhängig, das haben Sie in diesem Buch gelernt. Sinnvoll ist es, wenn Sie sich jetzt über einen überschaubaren Zeitraum helfen lassen, sich gut zu positionieren, und damit die Alltagsprobleme endgültig aus dem Weg zu räumen. Individuelles Einzeltraining mit Hausbesuch führt am schnellsten zum Ziel.

Damit es dann so bleibt, sind Disziplin und Bewusstheit im Alltag gefragt. Ein regelmäßiger Besuch in Hundegruppen ist dafür eigentlich nicht erforderlich. Mit einer Trainingsstunde pro Woche auf dem Hundeplatz können Sie im Hinblick auf den Erhalt Ihrer Führungsposition nicht sehr viel erreichen. Ein erfolgreiches Erarbeiten des Grundgehorsams über den in diesem Buch beschriebenen Weg ist auf dem Hundeplatz schon gar nicht möglich. Trotzdem haben auch Gruppenkurse sinnvolle Einsatzbereiche.

Haben Sie einen gehorsamen Hund erarbeitet, bieten die vielfältigen Beschäftigungs- und Ausbildungs-Angebote der Hundeschulen im nächsten Schritt eine tolle Möglichkeit, Ihren Hund und sich zu fordern, auszulasten oder auszubilden.

Sie möchten mit Ihrem Hund/Ihrer Familie den im Buch beschriebenen Weg gehen? Prüfen Sie die Hundeschule Ihrer Wahl, bevor Sie ein Training buchen. Nicht alle Trainerinnen und Trainer arbeiten nach einem ähnlichen Konzept. Seien Sie kritisch und vertrauen Sie auf Ihr Bauchgefühl. Die nachfolgende Liste kann hilfreich sein, um eine geeignete Unterstützung zu finden:

	✔
Ist ein persönlicher Kennlerntermin mit Hund, Halter und Trainer/in möglich?	
Wird ein individuelles Einzeltraining mit Hausbesuch angeboten?	
Stimmt die Chemie zwischen den Beteiligten?	
Kann der/die Trainer/in sich auf Ihren Hund einlassen?	
Kann der/die Trainer/in sich auf Sie (und Ihre Familie) einlassen?	
Erklärt der/die Trainer/in ausreichend und verständlich Hintergründe und Zusammenhänge?	
Kann der/die Trainer/in vermitteln, wie Sie sich verhalten sollen?	
Kann der/die Trainer/in sich dem Hund gegenüber ranghoch platzieren?	
Ist das Führungsbild von Liebe und Respekt geprägt?	
Verzichtet der/die Trainer/in auf schmerzbringende Hilfen?	
Findet das Training nicht nur auf dem Hundeplatz statt?	

	✔
Liegt das Hauptaugenmerk auf positiver Verstärkung?	
Sind Instinkte und natürliche Verhaltensweisen der Hunde Grundlage im Training?	
Liegt der Schwerpunkt auf der sozialen Positionierung des Halters?	
Werden Kommandos und Konditionierung als Hilfsmittel eingesetzt anstatt als Grundlage?	
Fühlen Sie sich wohl und gut aufgehoben?	
Erkennen Sie im Verlauf des Trainings einen angemessenen Fortschritt?	

Kurz und Knackig – Ihr persönliches Rudel

1. Hunde checken uns den ganzen Tag lang und führen Buch über uns.
2. Führungsverhalten beim Hund drückt sich individuell aus.
3. Überforderte Hunde werden unglücklich, krank und/oder verhaltensauffällig.
4. Korrigieren Sie nicht unerwünschtes, sondern hochrangiges Verhalten.
5. Das Verhalten Ihres Hundes entspricht Ihrem eigenen Verhalten.
6. Wer seinen Hund entscheiden lässt, tritt seine Weisungsbefugnis ab.
7. Wer sich von seinem Hund beanspruchen lässt, tritt sein Selbstbestimmungsrecht ab.
8. Ein gut gefülltes Punktekonto ist der Beweis für unsere Führungsbefähigung.
9. Sammeln Sie so viele Punkte, dass Ihr Hund Sie ernst nimmt.
10. Bevor Sie für ein Rudel sorgen können, müssen Sie für sich selbst sorgen.

Danke

Ich könnte jetzt sehr weit ausholen und all jene erwähnen, die an meinen eigenen Lernprozessen beteiligt waren. Alle Menschen und Tiere, die mich an meine Grenzen und darüber hinaus gebracht haben, alle, die mir Vorbild und Lehrer waren und so an der Wegbereitung für dieses Buch maßgeblich beteiligt sind. Ich weiß, es war nicht immer leicht mit mir – mit Euch aber auch nicht! Danke!

An dieser Stelle gebührt mein Dank jedoch meiner Familie und meinem Team:

Ihr habt mir die Freiräume geschaffen, die ich brauchte, um dieses Buch zu schreiben. Ihr habt Euch zuverlässig und liebevoll um Haus, Hof und Geschäft gekümmert, während ich Stunde um Stunde an Tablet und PC verbracht habe. Wenn Ihr da seid, Sandra, Fenja, Lukas und Ramona, dann läuft es, als würde ich mich selbst kümmern. Ihr seid unbezahlbar, und ein besseres Team kann ich mir nicht wünschen!

Sandra, Fenja und Lukas, Euch gilt außerdem mein Dank für Eure allzeit offenen Ohren. Ob es um strukturelle oder technische Probleme, um Formulierungen oder einzelne Wörter ging, Ihr habt mir mit Eurem Ideenreichtum nicht nur einmal auf die Sprünge geholfen.

Danke auch an alle Testleser, die sich mit meinen unfertigen Manuskripten herumgeschlagen haben und jede Menge zu ergänzen und zu berichtigen fanden. Besonders wertvoll waren die Ahnungslosen unter Euch. Ihr habt die besten Fragen gestellt!

Liebe Colette, mit Deinem Sinn für Struktur, Klarheit und die richtige didaktische Mischung hast Du diesem Ratgeber und mir als angehende Autorin ordentlich auf die Sprünge geholfen. Danke für das Coaching und eine dicke Umarmung auch für Harry!

Großer Respekt gebührt meinem fantastischen Korrektorat. Ich bin so froh, dass Ihr fit seid in neuer Rechtschreibung und Zeichensetzung!

Lieber Lukas, was wäre dieses Buch ohne Deine bezaubernden Hundezeichnungen? Sie bringen Leben und Witz hinein! Es ist unglaublich, wie es Dir gelingt, die geschriebenen Inhalte zu erfassen und in Bildern auszudrücken, ohne dass es unendlicher Erklärungen bedarf. Es ist mir eine Freude und Ehre, Dich in meinem Team zu haben!
Dem Himmel sei gedankt für Inspiration, Führung und Geleit! Eine bessere Schirmherrschaft gibt es nicht!

In Liebe und Dankbarkeit
Sibylla Grave

Über die Autorin

Sibylla Grave, geboren 1970 in Bietigheim, hat sich den Traum vom eigenen Hund erst mit 25 Jahren erfüllt. Bis heute kann sie nicht genug Hunde um sich haben und lebt mit ihren beiden Töchtern Sandra und Fenja, Hund, Katze und einer kleinen Ponyherde umgeben von vielen Hundegästen auf einem alten Resthof am Rande des Sollings. Ursprünglich als Projektleiterin Messebau unterwegs, hat sie sich 2004 nach ihrer Scheidung mit Hardegser Hunde selbstständig gemacht. In dem Maße, wie die Kinder älter wurden, wuchs das Geschäft von der Hundepension über Ernährungsberatung, Tierheilpraxis und Shop zur Hundeschule. Die Hundepension für Familienhunde legt ihren Schwerpunkt auf das achtsame Sozialverhalten unter Artgenossen und ist gleichzeitig Therapiezentrum. In Gruppenhaltung werden Hunde resozialisiert, finden Sicherheit und Anregung durch Artgenossen, Entspannung und Zugehörigkeit in der Gruppe. Sie entwickeln dabei Konfliktmanagement, soziale Kompetenzen, Selbstbewusstsein und Großzügigkeit. Sibylla Grave erarbeitet als ganzheitliche Trainerin außerdem Vertrauen und Gehorsam gegenüber Menschen, aber auch Heilung auf körperlicher und seelischer Ebene.

Aus den vielfältigen Erfahrungen mit Hunden und ihren Menschen hat Sibylla Grave ein ganzheitliches Trainingskonzept für Familienhunde entwickelt, das an der Persönlichkeit der Halter ansetzt, die Hunde im Systemverband berücksichtigt, den Schwerpunkt auf innere Kommunikationsebenen legt und gute Kenntnis von Instinkten und natürlichen Verhaltensweisen der Hunde aufbaut. Das Programm ist unabhängig von Alter, Geschlecht und Rasse der Hunde. Da es am Instinkt der Tiere

ansetzt, ist es auch geeignet für ursprüngliche und eigenwillige Rassen, die den Ruf haben, schwer erziehbar zu sein.
Als Tierheilpraktikerin ist für sie klar, dass Gesundheit, Vitalität und Wohlbefinden direkte Auswirkungen auf das Verhalten haben. Deshalb spielen eine naturnahe Ernährung der Tiere und die Aktivierung ihrer Selbstheilungskräfte eine Schlüsselrolle auf dem Weg zu ausgeglichenen Hunden.
Mit dem ersten Teil einer Ratgeberreihe gibt Sibylla Grave in 2017 ihr Debüt als Autorin und möchte so ihr erfolgreiches Konzept einem größeren Publikum zugänglich machen.

Anhang

Bücher in Vorbereitung von Sibylla Grave:

Werden Sie zum Rudelführer
Wie Sie Ihr Leben zurückerobern

Werden Sie zum Hundeflüsterer
Äußere und innere Kommunikation

Sozialverhalten mit Artgenossen
(Arbeitstitel)

CDs von Sibylla Grave und Sandra Probian:
www.bluehendesleben.net/shop/

Vertrauen statt Angst
Mentaltraining für Hundehalter
erhältlich ab Dezember 2018

Notizen